Hilmar Hoffmann (Hrsg.)
Jugendwahn und Altersangst

Jugendwahn und Altersangst

mit Beiträgen von
E. Blanco Cruz · I. Fetscher · E. Fried ·
H. Hoffmann · U. Lehr · A. Mergen ·
P. Parin · L. Rosenmayr · R. Süssmuth

Herausgegeben
von Hilmar Hoffmann

athenäum

Die Diskussion zum Thema „Jugendwahn und Altersangst" fand anläßlich der Frankfurter Römerberggespräche 1987 statt.

Redaktion: Dieter Kramer

CIP-Kurztitelaufnahme der Deutschen Bibliothek

Jugendwahn und Altersangst / hrsg. von Hilmar Hoffmann.
Mit Beitr. von E. Blanco Cruz ... – Frankfurt am Main :
Athenäum, 1988
ISBN 3-610-08479-0
NE: Hoffmann, Hilmar [Hrsg.]; Blanco Cruz, Enrique [Mitverf.]

Umschlagfoto: Günther Kieser, Wuppertal (Plakat der Römerberggespräche)
Satz: Fotosatz Froitzheim, Bonn
Druck und Bindung: Moritz Schauenburg GmbH & Co. KG, Graphischer Großbetrieb, Lahr
Printed in West-Germany
ISBN 3-610-08479-0

Inhalt

Vorwort

Das Verhältnis der Generationen zueinander, aber auch das Bild, das sich Altersgruppen von sich selber machen, sind ebenso wie dasjenige Bild, das ihnen die Umwelt aufdrängt, immer aktuell bleibende Themen. Sie müssen gleichwohl von jeder Generation neu analysiert und, auf sich selbst bezogen, neu diskutiert werden – heute beispielsweise unter den besonderen Aspekten einer veränderten Alterszusammensetzung unserer Gesellschaft: Wir können nicht einfach wie bisher von einer Alterspyramide reden. Wir haben es heute eher mit einem baumartigen Schema zu tun, dessen verästelte Krone immer älter werdender Bürger den schmaler gewordenen Stämmen der jüngeren Generationen auflastet. Inzwischen haben die Jüngeren Angst vor einer Rentenlast, die sie für die vielen Alten werden tragen müssen; die Älteren ängstigen sich vor Armut und Elend im Alter, und sei es nur das Elend der sozialen Vereinsamung. Weil sie Angst haben vor dem Tod, fetischisieren sie das Phantom von der ewigen Jugend als selbstbetrügerisches Gegengewicht.

Klischees und Vorurteile beherrschen oft die Diskussion, wenn von Alter und Jugend die Rede ist. Zu den Römerberggesprächen in Frankfurt am Main wurden 1987 deshalb Philosophen, Psychologen, Soziologen, Politiker(innen) und Kulturproduzenten eingeladen, um mit mehr Substanz die dem Thema innewohnende Problematik zu reflektieren.

Aus den Ergebnissen dieser Gespräche entstand der vorliegende Band, der jeden Interessierten mit Material zum Thema versorgt, durchaus auch gegensätzliche Positionen aufzeigt und hilft, informiert darüber nachzudenken, welche Zukunft wir denn anstreben wollen.

Die Römerberggespräche haben 1986 ihre Lebenskräftigkeit einmal mehr nachdrücklich unter Beweis gestellt, damals durch eine Lawine, die mit einem Vortrag losgetreten wurde, der hier gar nicht gehalten wurde. Die „Historikerdebatte“, ein Einschnitt in der Geistesgeschichte unserer Republik, hat ihren Ausgang von hier genommen: Statt seinen Vortrag auf dem Forum der Römerberggespräche zu halten, wozu Ernst Nolte eingeladen worden war, hat er den Text pünktlich am Tag von deren Eröffnung in der FAZ abdrucken lassen. Auf die Frage nach der Vergleichbarkeit der nationalsozialistischen Verbrechen verkürzt, waren Ernst Noltes und Michael Stürmers Thesen Anlaß der heftigsten öffentlichen Diskussionen nicht nur der Historikerzunft. Inzwischen, während des Besuches des israelischen Staatspräsidenten in der Bundesrepublik, ist diese These offiziell jedenfalls zurückgenommen worden. Der Vorstoß zu einer nationalkonservativen Revision unseres Geschichtsbildes ist, wenigstens vorläufig, zum Stillstand gekommen.

Auch wenn das Thema „Jugendwahn und Altersangst“ voll verknüpft ist mit den Grundentscheidungen und den Werte-Prioritäten unserer Gesellschaft, so war mit ähnlicher Brisanz aber kaum zu rechnen. Die Gespräche fanden in weniger hektischen, gleichwohl engagierten Diskussionen fruchtbare Resonanz.

Dank gebührt den Referenten, die uns ihre Texte für dieses Buch zur Verfügung gestellt haben, Dank gilt auch allen anderen, die bei Redaktion und Herstellung des Buches mitgewirkt haben.

H. H.

Hilmar Hoffmann

Ein Gespräch über Jugend, Alter und Tod

Wer den Titel wie in dieser Überschrift formuliert, der assoziiert die Atmosphäre antiker Gastmahl-Gespräche: Eine solch schöne Vorstellung korrespondiert indessen nicht mit der Realität von exakt „getimten“, unter dem Zwang optimaler Zeit-Nutzung stehenden Symposien von heute. Die Römerberggespräche, für die dieser Text und die folgenden Beiträge die Grundlage bildeten, machen mit ihren über 200 Teilnehmern da keine Ausnahme. Vielleicht liegt es an diesem rigiden Zeit-Management, so könnten Kulturkritiker daraus folgern, daß uns die Altersphasen derart zum Problem geworden sind. Aber waren sie denn je problemlos? Muß nicht jede Generation mit ihrer Altersspezifik neu zurecht kommen?

Die Altersbeständigkeit eines Themas

Das Thema Jugend und Alter ist nicht neu, schon gar nicht für die Frankfurter Kulturpolitik. Im Frankfurter Kunstverein sorgte 1972 die Ausstellung „Fetisch Jugend – Tabu Tod“ für beträchtliche Kontroversen. Damals wurde unterstellt: „Fetischisierung von Jugend und Tabuisierung von Alter und Tod sind Erscheinungen, die typisch sind für unsere Gesellschaft, typisch für die Art, wie sie sich darstellt, typisch wie sie sich selbst versteht.“[1]

Die Vorstellung, daß Jugendlichkeit „mit dynamischem Leistungsvermögen“ gleichzusetzen sei, mit „wirtschaftlicher Effektivität und Konsumkraft“, ist für viele auch heute noch obsessiv. Sie wird in eines gesetzt mit „vitaler Leistungskraft, die nicht nur Arbeitskraft, sondern auch Konsumkraft ist“, also das Maß aller Dinge; „sie bestimmt das Selbstgefühl, sie bestimmt den Platz innerhalb der Gesellschaft“.[2]

Wie schal muten dagegen die Tabus Alter und Tod an, obwohl beide doch die tragende Voraussetzung dafür sind, daß Jugend existiert und daß es Wachstum gibt. Hinter die gängigen Leitbilder können sie nur zurückfallen. Ja, wie Bazon Brock bei der Gründung seines „Komitees zur Abschaffung des Todes“ 1970 meinte, gehört der Tod abgeschafft: „diese verdammte Schweinerei muß aufhören“.[3]

Die postpubertäre Auflehnung hilft freilich nicht dabei, die Lebensvoraussetzung zu beseitigen, was niemandes Bemühungen gegen den unzeitigen Tod einschränken wird. Als Mediziner und Psychologe hat Horst Eberhard Richter vor einiger Zeit versucht, beides in eine ihm angemessen erscheinende Beziehung zu setzen: die Unabwendbarkeit und die medizinische Aktivität. Richter kritisiert, was er die „kämpferische Geschäftigkeit“[4] nennt, mit der die Medizin ihre letztendliche Hilflosigkeit überdeckt und in der sie von den Sterbenden selbst oft genug beschämt wird. Ja, die Medizin flüchtet sich auch in den aussichtslosesten Fällen in Metaphern von Kampf und Krieg, als stünde sie kurz vor einem endgültigen Sieg über das Prinzip Tod, das mit dem Leben doch untrennbar verbunden ist.

Kaum viel ist mehr geblieben von den tausenderlei Überlegungen zur Kunst des friedvollen Sterbens – metaphysische Positionen, die einst auch das Denken der Philosophen beschäftigten. Dagegen mahnt H. E. Richter: „Als Wesen, die nur an einem winzigen Ausschnitt des Naturprozesses und nur einen Augenblick lang an der Menschheitsgeschichte teilnehmen, sollten wir, unsere kreatürliche Endlichkeit ständig bedenkend, in der uns geschenkten Spanne unser Leben feiern und für dasjenige, das dem unseren folgt, einen möglichst förderlichen Boden bereiten.“[5]

Marktstrategien und Altersgruppen

Die Pole Jugendwahn und Altersangst erlauben uns nicht, in eine überzeitlich-fundamentale Ebene zu retirieren. So problematisiert unser Thema konsequent aktuelle Konnotationen.

Erlauben Sie mir ein Beispiel herauszugreifen, einen besonders aktuellen Aspekt: Unter denjenigen, die sich intensiv für die altersgruppenspezifischen Unterschiede interessieren, finden wir die Marketingforscher; sie wissen vermutlich nicht nur am besten darüber Bescheid, sie wirken durch die Verstärker-Funktion der von ihnen initiierten Markteroberungs-Feldzüge auch in hohem Maße mit an der Produktion jenes Bildes, das wir uns von diesen Altersgruppen machen (sollen).

Für die Werbewirtschaft sind Altersgruppen als jeweils differenziert anzusprechende Marktsegmente mit je spezifischer Kaufkraft interessant. Eine Münchener Management-Beratungsfirma definiert als die fürs Marketing interessanteste Gruppe die 20–40jährigen mit Brutto-Einkommen von mehr als 3 500 DM. Die also idealen Trend-Setter-Konsumenten werden folgendermaßen charakterisiert:

„Positive Grundeinstellung, optimistische Einschätzung der Zukunft, wenig Interesse und Beschäftigung mit politischen und kulturellen Aspekten; emotionsarm, ichbezogen und materialistisch; Orientierung an äußerlichen Attributen, voller Selbstvertrauen, ausgeprägtes Streben nach Erfolg, Demonstration des erzielten Erfolges und Status", und so weiter.

Diese „Euro-Yuppies" genannte Zielgruppe gehört zu den neuen einkommensstarken Verbraucher-Zielgruppen. Während diese Gruppe bei uns in der Bundesrepublik in den nächsten vier Jahrzehnten eher abnehmen dürfte, wird sie in anderen westeuropäischen Ländern eher noch größer: Grund genug, den „Euro-Yuppie" mit definierbaren Merkmalkombinationen in globalen Strategien einheitlich anzusprechen. So ist es marktstrategisch nur konsequent, die statistische Gruppe mit Hilfe eines raffinierten Marketing zur erstrebenswerten Lebensstil-Gruppe hochzustilisieren – mit allen einschlägigen Verstärker-Funktionen, die diesen Trend bedienen.

Aber auch die Kaufkraft der Zielgruppe „Senioren" wird für den Markt immer interessanter und muß mit entsprechend psychologisch verfeinerten Methoden angesprochen werden: Auf den bisher plump als „Senioren-Produkte" angepriesenen Waren blieben die Produzenten jedenfalls sitzen. Die neuen Images für Zielgruppen, an denen das Marketing seine Effektivität modelliert, sind die „Perspektiven-Sucher" (45–60 Jahre), die „Nachkarrieristen" (55–64) die „jugendlichen 60er" und schließlich die „aktiven 70er".

Interessant sind sie freilich nur insoweit, als sie über die entsprechende Kaufkraft verfügen; allenfalls sind noch jene „hybriden Konsumenten" aus den ärmeren Schichten am Rande der kaufkräftigen Klientel interessant, die Würste und Konserven im Billigmarkt kaufen, um sich einen als Statussymbol ersehnten „Premium"-Artikel leisten zu können, wie er vom Markenartikelsortiment angepriesen wird.

Die „Postmaterialisten", die Konsumskeptiker, bilden in diesem Kontext eine zu vernachlässigende Größe: Sie sind weder relevantes Marktsegment noch einflußreiche Opinion-Leader; sie werden vom narzistisch bestimmten Kaufrausch der neuen Trend-Setter einfach weggeschwemmt.

Der so marketing-gestylte jugendliche Yuppie Europaeensis ist sicher eine Subspecies der Gattung Mensch, die von vielen von uns als nicht besonders angenehmer Zeitgenosse empfunden werden mag, wie (oberflächlich) nett und (agil) zuvorkommend er sich auch immer präsentiert, sofern es jedenfalls dem eigenen Erfolg dient. Wir sollten uns jedoch nicht allein unter moralischen Kategorien damit auseinandersetzen; vielmehr wäre der Befund nüchtern zu analysieren – vor allem auch im Hinblick auf die Frage, inwieweit seine Eigenschaften mit den globalen „Überlebensbedingungen der Menschheit" noch korrespondieren.

Altersspezifische „Lebensstile“ und Politik

Auch die Politik ist drauf und dran, auf solche schillernden Erscheinungen hereinzufallen:

Auch sie versucht ja, aus der Sozialstatistik rein marketingtechnisch jeweils neue Mehrheiten zusammenzusetzen; dieses Ziel möchten die Parteien mit je unterschiedlicher Argumentation durch Orientierung an den Interessen eben jener „neuen, unabhängigen, ungebundenen Schichten jenseits der Klassengesellschaft“ erreichen. Sie versprechen sich ferner dadurch Erfolge, daß sie sich nur noch affirmativ auf die „Werte und Lebensziele“ der sogenannten Dienstleistungsgesellschaft beziehen.

Politik darf sich jedoch nicht damit abfinden, erkennbaren Trends von Lebensstilen, Moden, künstlich erzeugten Bedürfnissen und dergleichen hinterherzuhasten. Sie kann sich freilich auch nicht einfach über sie hinwegsetzen. Was sie statt dessen wird versuchen müssen, ist, selber Trends zu *setzen*, statt welchen nachzulaufen. Sie sollte *solche* Trends befördern helfen, die geeignet sind, für uns in einem weltweiten Kontext im Sinne eines fundamentalen Humanismus überlebens- und friedensfähige Lebensweisen zu schaffen.

Seit wir die „soziale Frage“ in der Industriegesellschaft thematisieren, gilt der gesamten demokratischen und sozialen Bewegung als wesentliches Ziel, jenen humanistischen Entwurf von Aufklärung, Klassik und französischer Revolution zu einer – wenigstens tendenziell – von allen lebbaren Praxis gedeihen zu lassen. Diesem Programm setzten Konservative aller Schattierungen gern ihre Konzeption der differenzierten, segmentären, selektiven Entwicklung entgegen – bis hin zur Akzeptierung einer „Zweidrittelgesellschaft“ oder bis zu den soziale Ungleichheit legitimierenden differenzierten „Lebensstilen“.

Politik muß auch bei der Auswahl ihrer jeweiligen Zielgruppen andere Maßstäbe zugrunde legen als jene des Marketing. Glücklicherweise ist unserer Gesellschaft immer noch ein hohes Maß an Egalitarismus immanent: Auch wenn auf der Parteienseite die Finanzkraft immer noch hier und da korrigierend-flickschusternd eingreifen kann, so wiegt doch auf dem Wähler-Stimmen-Konto die Stimme eines „neuen Armen", eines Arbeitslosen genausoviel wie die eines „Euro-Yuppies". So gesehen könnte die kaufkraftspezifische Modulierung des Fetischs Jugend für die Politik zur Fallgrube werden.

Heißt dies aber umgekehrt, Altersangst bedeute eine Chance für die Politik?

Wer dem älter werdenden Menschen überzeugend zu vermitteln wüßte, daß unsere Gesellschaft humane Strukturen für ihn entwickelt, in denen sich mit Würde und ohne Angst alt werden läßt, der dürfte auf Dauer mehr Erfolg haben als ewige Jugend verheißende Wanderprediger.

Wir alle kennen die klassischen Figuren des würdigen Alters, Philemon und Baucis, und wie sie dieses würdige Alter in bukolischer Landschaft ohne Angst erleben. Die Angst, sagt Ulrich Beck, „läßt sich nicht dadurch vertreiben, daß man schlimmstenfalls immer noch Sozialhilfe bekommt, von der ein Durchschnitts-Inder nur träumen kann".[6]

Neue Lebensformen fürs Alter?

Weil jede Generation anders altert, unterscheiden sich entsprechend auch die Altersängste. Die Probleme gewinnen aus verschiedenen Gründen jeweils andere Gestalt. Jüngst hat Berlins Senator für Gesundheit und Soziales, Ulf Fink, erneut auf das Problem der Verarmung der Kommunikation aufmerksam gemacht; in der Begründung für Kommunikationszentren und Kulturläden hat Hermann Glaser ebenso wie ich und andere Kulturpolitiker schon vor 15 Jahren auf die gesellschaftlich bedeutende Rolle der Kommunikation hingewiesen. In diesem Zusammenhang gewinnt die Statistik Interesse, wonach es immer mehr Einpersonenhaushalte gibt (1950: 19,4 % – 1985: 33 % in der Bundesrepublik, 53 % in West-Berlin); die meisten davon sind solche mit älteren Personen und eben nicht mit „happy-singles".

Noch sind nach den Interpretationen von Emnid und Ulf Fink die Beziehungen zwischen den Generationen trotz aller Probleme derart eng, daß ein bedeutender Anteil der Kommunikationsbedürfnisse über Kontakt mit den Kindern abgedeckt wird; aber wenn die Familien mit wenigen oder gar keinen Kindern älter werden, wird auch das Isolationsproblem rapide anwachsen.

Ulf Fink verkleinert das Problem auf die pragmatische Frage: „Wer wird auf welche Weise die Rentner der Zukunft betreuen und versorgen, wenn sie Hilfe brauchen?“ Über die öffentliche Hand oder über das Versicherungssystem wird das jedenfalls nicht zu finanzieren sein; deswegen wird für eine neue Orientierung des Verhaltens plädiert, um die entsprechenden Leistungen freiwillig, ehrenamtlich, gegebenenfalls durch einen „Generationenvertrag immaterieller Art“ zu sichern. So wurde zum Beispiel der wechselseitige Austausch von Dienstleistungen auch über Generationen hinweg vorgeschlagen.

Ein hilfreiches Motto für die Zukunft glaubt der Berliner Sozialsenator im folgenden gefunden zu haben: „Nachbarschaftsheime statt neuer Schwimmbäder, Börsen für ehrenamtliche Helfer anstelle weiterer Sportanlagen, Selbsthilfetreffs statt Oberstufenzentren“.

Wieder einmal gilt es zu erkennen: Auch die heftigsten Kritiker von „zuviel Staat“ kommen nicht umhin, strukturierende Vorleistungen des Staates zu fordern – und zwar sowohl materielle als auch solche, welche die Normen betreffen. Ich würde die Akzente allerdings lieber anders setzen: Hilfe zur Selbsthilfe für die Senioren selbst, und zwar nicht individuell, sondern auf Gegenseitigkeit.

Rentnerkommunen (wie in Berlin) mit hohem Eigenversorgungsanteil scheinen mir eine interessantere Perspektive zu sein, durchaus für viele auch realistisch für künftige Zeiten, wenn Protagonisten und Vorläufer der 1968er Revolte ins Rentenalter wechseln.

Worauf es in hohem Maße ankäme, das wäre die Ermutigung zur Kommunikation in Bereichen zwischen Familie und Staat. Solche Ermutigung der Kommunikation bedeutet im Klartext, das dem Menschen immanente *soziale Wesen* wieder in seine Rechte einzusetzen.

Dazu gehören entsprechende Wertsysteme. Wir dürfen ja nicht einfach voraussetzen, daß sich diese Werte naturwüchsig, quasi von selbst, entwickeln. Bei aller Einsicht, daß sie nicht beliebig manipulierbar sind, dürfen erkennbare Faktoren für ihre Struktur nicht vernachlässigt werden.

Im Zusammenhang mit der Wiederaufnahme des Freizeit-Diskurses beobachten wir in der Bundesrepublik derzeit eine Fetischisierung der individuellen Entscheidungsfreiheit. Es handelt sich deswegen um einen Fetisch, weil diese Freiheit ja von Planungsvorgaben real genauso viel und so wenig tangiert wird wie von Marktmacht und deren Strategien. Auch in sozialistischen Staaten lassen sich individuelle Freizeitentscheidungen nicht von oben wesentlich beeinflussen, wie einschlägige Studien hier und dort nachgewiesen haben. Und umgekehrt: Markteroberungsfeldzüge beeinflussen schließlich auch die „Freiheit der Entscheidung", sonst wären sie ja sinnlos.

Durch die Popularisierung des Fetischs „Freiheit der Entscheidung" wird indessen eine Haltung erzeugt, die sich schließlich gegen die Transformierung des Menschen zum gesellschaftlichen Wesen wendet, eine „asoziale" Haltung also, die eine Atomisierung der Individuen begünstigt; diese Entwicklung aber könnte allen anderen Mächten den Zugriff auf den Menschen als Objekt erst richtig ermöglichen: dem Markt wie den Wundertätern aus der Politik.

Skandal Jugendarbeitslosigkeit

Ein letzter Gedanke zum Thema „Jugendwahn": Aktuell beschäftigt uns in Westeuropa ja nicht so sehr die Frage, ob ewige Jugend denn wünschenswert sei, oder wie die Abschaffung des Todes unsere Gesellschaften verändern würde. Gravierender brennt uns die Jugendarbeitslosigkeit auf den Nägeln. Die Kreisky-Kommission für Beschäftigungsfragen in Europa, der neben Wissenschaftlern aus ganz Europa auch Persönlichkeiten des öffentlichen Lebens – aus der Bundesrepublik Frau

Wulf-Mathies, Norbert Blüm und ich – angehören, wurde nicht zuletzt wegen ihres Dauerzustands ins Leben gerufen.

Jugendliche, denen zentrale Formen der Realitätsprüfung und der Integration in soziale Zusammenhänge ausgerechnet in den prägenden Jahren der Adoleszenz vorenthalten worden sind, werden diese Verweigerung des Grundrechts auf Arbeit nur in den seltensten Fällen ohne Schwierigkeiten überstehen. Dieser skandalöse Zustand darf nicht einfach durch Individualisierung und Gewöhnung an das Unvermeidliche perpetuiert werden. Zu den Aufgaben unseres soziokulturellen Systems gehörte unweigerlich, hier alle Reserven zu mobilisieren – besonders auch jene eines neuen praktizierten Humanismus.

Wir sollten die Vorzüge eines demokratisch organisierten gesellschaftlich-politischen Systems endlich wieder messen an dem, was es an Lebensqualität *allen* seinen Menschen schuldet und sollten es nicht nur würdigen wegen der Schauseiten einer gefälligen Repräsentativ-Kultur. Dabei müssen wir uns klarmachen, daß alle Wachstums-Indizes in den letzten Jahren sämtliche damit geweckten Hoffnungen auf Milderung der Arbeitslosigkeit Lügen gestraft haben.

Die weiteren Spezifikationen unseres Themas bleiben den Fachleuten überlassen. Ich gehe davon aus, daß uns der Konflikt-Stoff in den nächsten Jahren nicht so schnell ausgehen wird.

Anmerkungen

1 Vgl. Georg Bussmann, Fetisch Jugend – Tabu Tod. Eine thematische Ausstellung des Frankfurter Kunstvereins. In: Kunstzeitung. Informationen der Frankfurter Kulturszene Nr. 2 (1972).

2 A.a.O.

3 Bazon Brock, Ästhetik als Vermittlung. Arbeitsbiographie eines Generalisten. Hg. v. Karla Fohrbeck, Köln 1977, S. 799.

4 Horst-Eberhard Richter, Die Chance des Gewissens. Hamburg 1986, S. 88; vgl. Hilmar Hoffmann, Hat das Gewissen eine Chance? In: Frankfurter Rundschau, Samstagsbeilage vom 26. 4. 1986.

5 A.a.O., S. 250.

6 Ulrich Beck, Risikogesellschaft. Auf dem Weg in eine andere Moderne. Frankfurt/M. 1986, S. 153/154.

7 Ulf Fink, Der neue Generationenvertrag. In: Die Zeit vom 3. 4. 1987.

Iring Fetscher

Die Verdrängung des Todes und die Hoffnung auf Unsterblichkeit

Die Menschen erreichen in unserer Gesellschaft im Durchschnitt ein weit höheres Alter als je zuvor. Die Lebenserwartung betrug 1871 bei der männlichen Bevölkerung *35,58*, bei der weiblichen *38,45* Jahre. Bis zum Jahr 1977 war sie auf *68,61* und *75,21* gestiegen. Zugleich ist das Ansehen der älteren Mitmenschen tiefer gesunken als in jeder anderen Zeit. Jugend und Jugendlichkeit gelten als höchste Werte. In manchen besonders angesehenen und bewunderten „Berufen" – wie im Leistungssport, im Fußball, beim Boxen und Ringen – sind Dreißigjährige schon Veteranen, die von der Bühne abzutreten haben. Wer mit 17 schon den Höhepunkt seiner Laufbahn erreicht hat, kann die restlichen fünfzig oder sechzig Jahre seines Lebens kaum noch als Steigerung und vermehrte Sinnerfüllung erfahren oder erwarten.

Die Geschwindigkeit der wissenschaftlich-technischen Innovationen – wir alle wissen und spüren es – läßt Erfahrungswissen von heute auf morgen veralten. Während Fünfjährige mit Computern spielend umgehen, haben schon Vierzigjährige Umstellungsprobleme. Immer häufiger werden bei Stellenausschreibungen Höchstaltersgrenzen angegeben, so daß bereits Fünfzigjährige sich ausgeschlossen fühlen. Immer länger wird der dritte Lebensabschnitt jenseits der Berufstätigkeit, für den die wenigsten gerüstet sind.

Ist es angesichts dieser – hier nur durch Stichworte beschriebenen – Lage verwunderlich, daß niemand alt sein möchte, auch wenn alle möglichst lange zu leben wünschen? „Jugendwahn" kann und darf kein moralisierender Vorwurf gegen ältere Mitbürger sein, die durch zur Schau getragene Jugendlichkeit sich und andere über ihr Lebensalter hinwegzutäuschen suchen.

So groß auch die Leistungen der Wissenschaft und Technik sind, den alten Wunschtraum der Menschheit, den Jungbrunnen haben sie noch nicht entdeckt. Zwar erreichen immer mehr Individuen infolge des Sieges der Medizin über Seuchen und viele Infektionskrankheiten das ihnen genetisch einprogrammierte Alter, aber darüber hinaus kann auch die Medzin ihr Dasein nicht verlängern. Die Apparatemedizin freilich, die öfter im Dienst der Prestigekonkurrenz von Chefärzten und Kliniken als in dem der Gesundheit steht, verwendet ihre ganze Kunst darauf, das Leben – und sei es nur um wenige Monate und Wochen – zu verlängern. Auf einem nordamerikanischen Kongreß wurde berichtet, daß 70 % der Gesamtausgaben für ärztliche Bemühungen auf die letzten drei Monate des Lebens konzentriert sind. Mag diese Zahl auch übertrieben sein oder allein für die USA und Kanada gelten, so deutet sie doch eine Tendenz an, deren Problematik nicht nur eine volkswirtschaftliche, sondern auch eine humane Seite hat. Wieviel mehr – so darf auch der medizinische Laie fragen – könnte ärztlicher Rat und ärztliche Kunst leisten, wenn sie zur Anleitung zu einem vernünftigeren Lebenswandel, zum „guten Leben“ im Sinne eines die körperliche und geistige Leistungsfähigkeit bewahrenden Lebens, mehr beitragen würde, statt sich auf jene spektakulären „Schaukämpfe“ zu kaprizieren, deren Erfolge oft so fragwürdig sind? Nicht nur manche Organtransplantationen – abgesehen von Nierentransplantationen –, sondern auch andere Eingriffe der Intensivmedizin erscheinen auch Fachleuten als wenig sinnvoll.

Auch hier darf nicht einzelnen Personen ein moralisierender Vorwurf gemacht werden. Es sind unsere Zeit, unsere Gesellschaft und der ihr eingeschriebene Konkurrenzkampf, die zum Prestigewettbewerb der Chefärzte und Kliniken führen. Horst Eberhard Richter hat das auf die knappe Formel gebracht: Die Apparatemedizin läßt sich auf einen im Grunde aussichtslosen Kampf gegen den Tod ein, statt sich für ein gutes Leben einzusetzen. In einer säkularisierten Welt, die keine Hoffnung auf ein Jenseits mehr kennt, die aber auch die Sinnerfüllung im Diesseits nur den wenigsten Menschen wirklich verschaffen kann, muß der Tod als unerträgliches Versagen, als endgültige

Niederlage erscheinen. So hat schon Thomas Hobbes am Beginn der Moderne empfunden: Das Leben ist ein Wettlauf, wobei Sterben eine definitive Niederlage ist.

Das für mich unerträgliche Paradox des Verhaltens der Menschen in unserer modernen, industriellen Zivilisation besteht darin, daß sie das Unabänderliche verzweifelt abzuwehren suchen, während sie das Veränderbare als „Schicksal" passiv hinnehmen. Unabänderlich ist, daß Menschen sterblich sind, daß ihr Dasein endlich ist. Aber dieses Unabänderliche könnte akzeptiert werden, wenn – durch die eigene Tätigkeit, die Erfüllung der Wünsche nach Anerkennung und Wertschätzung, durch die einen tragende Zuwendung und Liebe – das Leben als „erfüllt", als befriedigend erfahren werden könnte. In älteren Zeiten hieß es von einzelnen, glücklichen Menschen, sie seien „alt und lebenssatt" gestorben. Die Stoiker und Montaigne verglichen das Leben mit einem schönen Gastmahl, von dem man sich erhebt, wenn man gesättigt ist vom Speisen und von den Gesprächen, um anderen, die nach einem gekommen sind, Platz zu machen. Der Tod wird erträglich, wenn man den Nachgeborenen ihr Leben gönnt. Die Unfähigkeit zu sterben, das Sterben zu aktzeptieren, hat auch etwas mit dem unüberwindlichen Neid auf die Jüngeren, dem unüberwindlichen Konkurrenzgeist zu tun, der heute weniger die Produzenten als die Konsumenten erfaßt hat. Zu Konsumenten aber sind wir in der Wachstums- und Wohlstandsgesellschaft alle gemacht worden. Ein Witzbold hat denn auch schon die Descartessche Formel „cogito ergo sum", „ich denke – also bin ich" – in die aktuelle Losung „consumo – ergo sum" – „ich konsumiere – also bin ich" – umgewandelt. Wer sein ganzes Selbstgefühl, ja sein Selbstbewußtsein aus der Höhe seines Konsums, allein aus dem Übertreffen seiner Konsummöglichkeiten gegenüber denen seines Nachbarn bezieht, der kann seine eigne Endlichkeit nicht gut hinnehmen, für den stellt in der Tat sein Tod eine unerträgliche Niederlage dar.

Eine weltliche Form des Lebens nach dem Tode war ja immer das Aufbewahrtbleiben im Angedenken der Nachgeborenen. Auch hier weist unsere Gegenwart eher Defizite auf. Die rasche geographische Mobilität, durch Kriege,

Aussiedlungen und Wirtschaftsentwicklung bewirkt, reißt Familien auseinander, verwandelt Dörfer und Städte oft in Ansammlungen isolierter Monaden. Die anonymen Satellitenstädte, noch vor 30 Jahren der Stolz mancher Städteplaner, haben sich als ein Alptraum für deren Bewohner erwiesen. Wo ist da noch eine lebendige Gemeinschaft, in deren Bewußtsein der Verstorbene weiterzuleben hoffen kann? Hinzukommt die aus den USA zu uns gelangte Tendenz zur Bildung von Altersghettos. Wohlhabende Rentner ziehen in den Sun-Belt Amerikas und bei uns nach Süddeutschland, Spanien, Italien oder ein anderes wärmeres Land. So wohl ihnen die größere Wärme und das bessere Klima auch tun mag, sie vereinsamen dort noch mehr, und das Leben unter lauter gebrechlichen Gleichaltrigen verdüstert ihr Dasein. – Bilder von Greisinnen und Greisen, die sich – unter der Anleitung professioneller Animateure und Animatricen – zum Tanz, zum Bingo oder zu anderen oberflächlichen Vergnügungen zusammenfinden, erschrecken manche Europäer noch, weil sie uns ein würdelos konsumierendes Alter projizieren.

Die in vielen Universitätsstädten seit einiger Zeit aufkommende Einrichtung einer „Universität des dritten Lebensalters" zeigt dagegen einen Hoffnung machenden Ansatz in entgegengesetzter Richtung. Sie nimmt nicht die hilflos vereinsamten Alten als Objekte eines von Traurigkeit ablenkenden Konsums in Anspruch, sondern bietet ihnen zugleich mit dem Lehrangebot oft auch Kontakte mit Angehörigen der jüngeren Generation. Solche Kontakte, die zu größerem Verständnis und gegenseitiger Bereicherung führen können, sind lebenswichtig. Wichtiger als die auf viele Beschauer komisch wirkenden Versuche von jugendlich aufgemachten und geschminkten Greisen, die sich um die Erlernung der neuesten Modetänze bemühen.

Ähnliche Probleme wie die geographischen Altersghettos werfen auch die Altersheime auf, die – angesichts der intensiven Pflegebedürftigkeit und der wirtschaftlich verlangten Mobilität der Jüngeren – immer notwendiger geworden sind. Auch in diesen Heimen belastet die Konzentration von Gebrechlichkeit und körperlichem wie geistigem Verfall die Einzelnen. Wieviel förderlicher und menschlicher wären da Heime, in denen Alt und Jung enger beieinanderleben könnten, in der nicht nur ein oft genug rührend aufopferungsbereiter Stab von jungen Menschen die Alten betreut, sondern auch jüngere Menschen, die nicht als Hilfskräfte angestellt sind, mit den Alten zusammenleben, womöglich sogar in größerer Zahl als die Alten selbst.

In den – freilich im Rückblick oft zu sehr idealisierten und idyllisierten – Großfamilien von einst war ja auch die Urgroßmutter oder der Großvater nur ein Alter unter zehn und mehr jüngeren Menschen. Dieses Zusammenleben konnte sowohl die Hilfsbereitschaft der Jüngeren als auch die gönnende Anteilnahme der Alten fördern, während heute oft genug traurig machender Neid von alten Menschen auf die Jungen sich entwickelt. Wer sein Alter als eine Last und nur als eine Last empfindet und ihm keinen Sinn mehr zu geben vermag, der kann jüngere Menschen freilich kaum ohne Lebensneid sehen: Sie können noch Dinge genießen, die mir unerreichbar sind; ihnen steht die Welt offen, sie reisen, wohin sie wollen, und sie werden das nächste Jahrtausend erleben ... Ich aber nicht. Solche Überlegungen müssen traurig machen, wenn man sich nicht mit den Jüngeren liebevoll identifizieren, an ihrer künftigen Freude Anteil nehmen kann. Bertolt Brecht hat das in einem seiner schlichten späten Gedichte sehr schön zum Ausdruck gebracht:

Als ich in weißem Krankenzimmer der Charité
Aufwachte gegen Morgen zu
Und die Amsel hörte, wußte ich
Es besser. Schon seit geraumer Zeit
Hatte ich keine Todesfurcht mehr. Da ja nichts
Mir je fehlen kann, vorausgesetzt
Ich selber fehle. Jetzt
Gelang es mir, mich zu freuen
Alles Amselgesanges nach mir auch.
(Werke Bd. IV, S. 1031)

Die Unfähigkeit zu solch liebevoller Anteilnahme am Glück künftig lebender Menschen beschreibt *Christopher Lasch* in seinem Buch „Das Zeitalter des Narzißmus": „Die Angst vor dem Alter mag aus der realistischen Einschätzung dessen herrühren, was mit alten Leuten in einer hochentwickelten Industriegesellschaft geschieht; doch sie wurzelt in einem *irrationalen Panikgefühl.* Diese Panik zeigt sich am deutlichsten darin, daß sich dieses Gefühl im Leben von Menschen so früh bemerkbar macht. Mann und Frau fangen an, sich vor dem Altwerden zu fürchten, bevor sie überhaupt die mittleren Lebensjahre erreicht haben. Die sogenannte midlife crisis präsentiert sich als die ängstliche Einsicht, daß das Alter schon hinter der nächsten Ecke droht. Die Amerikaner erleben ihren vierzigsten Geburtstag bereits als den Anfang vom Ende. Sogar der Lebenshöhepunkt wird damit von der Angst vor dem überschattet, was noch in der Zukunft liegt. Dieses irrationale Bedrohungsgefühl durch Alter und Tod ist eng verbunden *mit der Ausprägung der narzißtischen Persönlichkeit* als der häufigsten Charakterstruktur unserer zeitgenössischen Gesellschaft. Da der Narziß über besonders wenig innere Reserven verfügt, erwartet er von anderen eine Bestätigung seines Selbstwertgefühls. Er braucht Bewunderung für seine Schönheit, seine Anziehungskraft, seine Berühmtheit oder seine Macht-Attribute, die gewöhnlich im Laufe der Zeit dahinwelken. Er ist unfähig, in Liebe und Arbeit Befriedigung zu finden, und wird gewahr, daß ihm wenig bleibt, wenn die Jugend erst hinter ihm liegt. *Er nimmt kein Interesse an der Zukunft* und tut nichts, um sich der traditionellen Tröstungen des Alters zu versichern, deren wichtigste die Überzeugung ist, sein Lebenswerk werde in einem bestimmten Sinne von den kommenden Generationen fortgesetzt werden. Liebe und Arbeit verbinden sich in der Sorge um die Nachwelt, vor allem *im Bemühen, die jüngere Generation zur Weiterführung der Aufgaben der älteren zu rüsten.* Der Gedanke, daß wir stellvertretend in unseren Kindern fortleben (und im weiteren Sinne in den kommenden Generationen), versöhnt uns damit, daß wir selbst beiseite treten müssen ... Wenn sich das Band zwischen den Generationen zu lokkern beginnt, werden diese Tröstungen hinfällig" (S. 262f.).

Das Band zwischen den Generationen hat sich aber nicht – oder noch nicht in erster Linie – deshalb gelockert, weil sich die jüngere Generation von der älteren abgewandt hat, sondern vor allem deshalb, weil sich die Individuen immer mehr ausschließlich auf ihren privaten Vorteil konzentriert haben und selbst Kinder häufig als lästige Konkurrenten empfinden. Das Interesse an Kindern, die Bereitschaft, Mühe und Arbeit, Konsumverzicht und Zeitbelastungen auf sich zu nehmen, damit andere, nach uns weiterlebende Menschen existieren können, schwindet.

Günter Grass hat in „Kopfgeburten" die sophistischen Argumente nachgezeichnet, mit denen sich progressiv sein wollende Paare einreden, ihr Verzicht auf Kinder sei Ausdruck ihrer Sorge um die künftigen Lebensbedingungen. *Christopher Lasch* sieht den Zusammenhang zwischen verringertem Kinderwunsch und Alters- sowie Todesangst wie folgt: „Der Narzißmus als Charakterstruktur ist typisch für eine Gesellschaft, die jedes Interesse an der Zukunft verloren hat. Psychiater, die einem Elternpaar raten, sich nicht in seinen Kindern zu verwirklichen; verheiratete Paare, die Elternschaft ablehnen oder verschieben – oft auch aus guten, praktischen Gründen – ... alle bezeugen sie eine universelle Unsicherheit hinsichtlich der Reproduktion, die weitverbreiteten Zweifel, ob sich unsere Gesellschaft denn überhaupt reproduzieren solle. Unter diesen Bedingungen wird der Gedanke an unser eines Tages fälliges Abtreten und an unseren Tod absolut unerträglich und führt zu dem Versuch, das Alter überhaupt abzuschaffen *und das Leben unbegrenzt zu verlängern.* Wenn die Menschen sich *außerstande sehen, Interesse für das Leben auf Erden nach ihrem eigenen Tode aufzubringen, trachten sie nach ewiger Jugend.* Deshalb machen sie sich auch keine Sorgen um die Fortpflanzung ihrer Art" (S. 263f.).

Ja, man kann sogar noch weiter gehen und feststellen, daß Kinder nicht nur als belastend und störend, sondern geradezu als eine „Bedrohung" empfunden werden. Lasch zitiert aus einem Roman von *Lisa Alther*: „Mir kommt die

Welt immer wie eine Bühne vor ... Und jedes Kind, das ich hätte, wäre doch nur ein verdammt junger Schauspieler, der darauf brennt, mich von der Bühne zu drängen, der aufpaßt und darauf wartet, mich zu beerdigen, *damit er* im Mittelpunkt des Bühnengeschehens stehen kann" (S. 264). „Weil also die ältere Generation sich selbst nicht mehr in den folgenden weiterleben sieht, weil sie sich nicht – in diesem Sinne – unsterblich fühlt, da die Nachwelt nicht mehr stellvertretend für sie weiterlebt, kann sie der jüngeren Generation das Feld nicht geziemend räumen. Die Menschen klammern sich an die Vorstellung jung zu sein, bis sie nicht mehr aufrechterhalten werden kann. Dann müssen sie entweder zugeben, daß sie nicht mehr mitspielen können, oder sich der Verzweiflung überlassen" (S. 266). Ein Symptom für diese – nicht nur in den USA – weitverbreitete Haltung ist die krampfhafte Suche nach Mitteln der – möglichst grenzenlosen – Verlängerung des Lebens, zu der neuerdings auch die Gentechnologie herangezogen wird.

Jede erhebliche Verlängerung des Lebens der Menschen würde – angesichts der Überbevölkerung vieler Teile der Erde – zu einer entsprechenden Verringerung der Kinderzahl nötigen. Die Relation zwischen den Lebensaltern würde noch weiter in Richtung auf das hohe Alter verschoben. Die Anzahl von Innovationen, neuen, eigentümlichen, kreativen Menschen müßte eingeschränkt werden. Die Verständigungsmöglichkeiten zwischen den Generationen würde weiter erschwert ... An solche Konsequenzen wollen die Anwälte des Projekts „ewige Jugend" und „unbegrenzte Verlängerung des Lebens" nicht denken. Es geht ihnen nur um den egoistischen Erhalt ihrer eigenen Persönlichkeit. Der narzißtische Mensch verhält sich zu seinem eigenen Leben wie zu seinem Besitz, den er unter keinen Umständen herzugeben bereit ist. In seiner Ergänzung zum Lehrgedicht „de natura rerum" des Lukrez hat Bertolt Brecht das krampfhafte Festhalten am Leben, die Unfähigkeit, die eigne Endlichkeit zu akzeptieren, aus den Lebensbedingungen einer erbarmungslosen Konkurrenzgesellschaft entwickelt:

„Wenn sie so jammern, das Leben werd ihnen *geraubt*, dann gedenken
Diese des Raubs, der an ihnen verübt und den sie verübten
Denn auch das Leben, das ihnen geraubt wird, war ein geraubtes.
Ach, es entreißen den Fisch, den der Fischer dem Meer entriß, gierig
Wieder dem Fischer die Händler, aber das Weib, das den Fisch bäckt
Ungern nur gießt sie das Öl in die Pfanne, mit schmerzlichen Blicken
Auf den verschwindenden Vorrat. O Furcht ohne Öl zu sein! Schrecken
Nichts mehr zu haben und nicht zu bekommen! Entsetzen, beraubt zu sein!
Keine Gewalt scheuten die Väter. Mit Mühe nur halten
Und indem sie Verbrechen begehn, die Erben das Erbteil.
Ängstlich verbirgt dort der Färber sein kostbar Rezept vor dem Kunden
Was, wenn's bekannt würd? Und dort in der Runde der bechernden Künstler
Beißt sich ein Dichter die Zunge ab: er hat einen Einfall verraten!
... Und es bemächtigt der Arzt sich des Leibschadens als eines Geldquells.
Wer könnt in solcher Welt den Gedanken des Todes ertragen
Zwischen ‚Laß los!' und ‚Ich halt's' bewegt sich das Leben und beiden
Dem der da hält und dem der entreißt, krümmt die Hand sich zur Klaue."
(Werke Bd. IV, S. 898f.)

Bertolt Brecht sah schon den „bürgerlichen Gottesglauben" aus solcher Unfähigkeit zur Hinnahme des Endes entstehen und läßt einen vermeintlich frommen Bourgeois sagen:

„Aber vor allem: der Tod!
Da wird uns das Leben entrissen
Wie sollen wir Entreißer uns etwas entreißen lassen?
Immer haben wir etwas bekommen dafür, daß wir lebten
Sollten wir für unsern Tod nichts bekommen?
Gott schenkt uns ein besseres Leben."
(a.a.O., S. 865)

Als ob auch noch das Sterben Teil eines Äquivalententauschs oder richtiger eines vorteilhaften Geschäftes sein müßte, wenn anders man es akzeptieren soll!

Für Christopher Lasch ist die Dominanz des narzißtischen Charaktertyps ein Indiz dafür, daß die spätkapitalistische Kultur in Stagnation übergegangen ist – so rasch auch noch immer ihre Produktionen wachsen. „Die Leugnung des Alters", stellt er fest, „kulminiert in Amerika in der ‚Langlebigkeitsbewegung', die das Alter ganz und gar abzuschaffen hofft. Die Angst vor dem Alter entspringt aber nicht dem ‚Jugendkult', sondern dem *Kult des Ich*. Nicht nur mit ihrer narzißtischen Gleichgültigkeit gegen kommende Generationen, sondern auch mit ihrer überwältigenden Vision eines technologischen Utopia ohne Alter belegt die Langlebigkeitsbewegung ihre phantastische Vorstellung von der ‚absoluten sadistischen Macht', die laut Kohut das narzißtische Lebensgefühl so nachhaltig prägt. Die Langlebigkeitsbewegung, die aus krankhaften Ideen entstand und mit abergläubischer Inbrunst an die Rettung durch die Medizin glaubt, ist das typische Beispiel für die Ängste einer Zivilisation, die keine Zukunft mehr vor sich sieht" (Lasch, S. 271).

Wenn ich diese resignative Feststellung von Christopher Lasch nicht als das letzte Wort akzeptiere, dann deshalb, weil ich in den „neuen sozialen Bewegungen" – oder doch bei Teilen von ihnen – im Gegensatz zum egozentrischen Narzißmus ein gesteigertes Interesse an der Zukunft, an den Lebensbedingungen künftiger Generationen beobachte. Das Vertrauen in eine Automatik des Fortschritts ist in den letzten Jahrzehnten angesichts des Wettrüstens und der Umweltzerstörung dahingeschwunden. Weder die Automatik einer industriekapitalistischen Dynamik noch der „geschichtsnotwendige Siegeszug" des Sozialismus flößen ausreichende Zukunftshoffnungen ein. Aber daraus muß nicht die Flucht in die Privatheit und die zynische Resignation folgen. In der Ökologiebewegung wie in der Friedensbewegung und der Frauenbewegung regen sich energische Bemühungen um eine Gestaltung der Zukunft, dominiert nicht nur das individuelle Lebensinteresse der jetzt Existierenden, sondern auch das der Künftigen. Auch wenn diese Bewegungen überwiegend von jungen Leuten getragen werden, sind ältere von ihnen keineswegs ausgeschlossen. Ja, es kann sich in ihnen ein neues, solidarisches Verhältnis zwischen den Generationen entwickeln. Wer sich nicht von der Oberfläche täuschen läßt, der spürt hier eine Gegenbewegung, die aus der Enge des narzißtischen und autistischen Selbstverständnisses hinausführt. Diese Bewegungen setzen sich nicht mehr utopische Ziele, sondern versuchen, die drohenden Katastrophen aufzuhalten. In der Hoffnung darauf, daß ihr Engagement diesem Ziel dient, können die einzelnen ihre Endlichkeit akzeptieren.

Das Projekt der humanen Zivilisation muß nicht in der Resignation des spätkapitalistischen Narzißmus enden. Es ist noch immer möglich, es durch radikalen Wandel zu bewahren. Nur ein oberflächliches ideologisches Verständnis leitet aus christlichem Glauben die Notwendigkeit zu passiver Hinnahme des politischen und sozialen Status quo ab.

Bertolt Brechts Religionskritik hat nur Recht gegenüber dem zur Ideologie gewordenen Gottesglauben des Bourgeois, aber die Theologie der Befreiung in Lateinamerika wie das Engagement von Christen für die Erhaltung der Natur zeigen, daß der Glaube nicht zu Resignation und Untätigkeit verurteilen muß, sondern umgekehrt, zu verantwortlichem Handeln aufruft. Wie immer führt er dann auch zu Konflikten mit den Anwälten eines verabsolutierten Status quo. Nur der angepaßte Christ ist bequem.

Auch wer den christlichen Glauben an ein Fortleben nach dem Tode nicht annehmen kann, wird dem Schillerschen Wort „Das Leben ist der Güter höchstes nicht" noch einen Sinn geben können, wenn nämlich damit das individuelle Leben gemeint ist, das sehr wohl seinen Sinn durch Arbeit und Liebe, Zuwendung und Hilfe für die Mitwelt und Nachwelt finden kann und nur durch solches Tun sich transzendiert und sich als human bewahrt. Die bloß konsumierende Monade ist mit sich selbst und ihren Illusionen und Ängsten, Hoffnungen und Selbsttäuschungen allein. Der tätige Mensch ist mit seinen Mitmenschen verbunden, indem er sich für ein gemeinsames Ziel wie das der Bewahrung des Friedens, die Beseitigung selbstmörderischer

Waffen, die Herstellung gleichberechtigter Beziehungen zwischen den Geschlechtern und die Erhaltung der Natur engagiert; so kann er seine Resignation überwinden. Wenn er alt und schwach geworden ist, wird er dankbar auf seine jüngeren Mitstreiter blicken und ihnen für ihre Aufgabe Glück und Segen wünschen. Altersangst und Todesfurcht brauchen nicht das letzte Wort zu sein. Ein erfülltes Leben wird heute oft ein engagiertes Leben im Kampf für bessere Existenzbedingungen unserer Kinder und Enkel sein, zumindest aber eins, das den Kindern und Enkeln ihr Leben gönnt und sich vorausschauend über ihr mögliches Glück zu freuen vermag.

RITA SÜSSMUTH

Alte und neue Klischees zum Generationenverhältnis

Wenn wir von Jugendwahn sprechen, meinen wir in aller Regel nicht das Jugendalter im engeren Sinne, sondern die Übergangsphase zwischen Jugend und Erwachsensein, die durch den Typ des leistungsstarken, gutaussehenden, attraktiven, tüchtigen, erfolgreichen, nicht gebrechlichen Menschen gekennzeichnet wird. Es erscheint mir unwahrscheinlich, daß Jugendliche selbst sich mit ihrem Lebensgefühl in dem wiederfinden, was ich gerade als Topos gekennzeichnet habe.

Lebensangst, Angst vor den eigenen Möglichkeiten, auch vor der Zukunft, die jeder Mensch haben möchte, als Kind, als Jugendlicher, in der mittleren und älteren Lebensphase – all diese Ängste gehören zu unserem Leben. Angst vor dem Zugang zur Erwachsenenwelt, vor der Erfahrung, gebraucht zu werden und dazuzugehören, ist meines Erachtens bei vielen Jugendlichen nicht weniger ausgeprägt als bei älteren Menschen, die gerade erfahren, daß sie *nicht mehr* dazugehören. Das, was wir als Jugendwahn und Altersangst zu Recht oder zu Unrecht thematisieren, ist Ausdruck gewachsener, aber auch verfestigter gesellschaftlicher Wertorientierungen. Dabei ist mir ganz wichtig, dieses Thema nicht nur aus einer pessimistischen Sicht heraus zu diskutieren, sondern deutlich zu machen, daß darin auch Hoffnung und neue Möglichkeiten zu finden sind.

Die künstliche Anstrengung der siebziger Jahre, Jugendlichkeit zum alles überragenden Fetisch zu stilisieren, ist in breiten Bevölkerungsschichten, erst recht in sensiblen Minderheiten aller Altersgruppen, längst zusammengebrochen und beginnt neuen Lebensvorstellungen und Lebenspraktiken Platz zu machen. Die Frage nach Jugendwahn und Altersangst, nach Zugehörigkeit und Ausgrenzung, stellt sich im übrigen geschlechtsspezifisch, für Frauen noch einmal ganz anders als für Männer. Arbeit von Männern und Frauen wird sehr unterschiedlich bewertet: Unbezahlte Tätigkeit gilt als ungelernt und unseriös, weil unsere Gesellschaft sich bis hinein in ihre statistischen Erhebungen darauf eingestellt hat, den Wert eines Menschen an drei Merkmalen zu messen: an seinem Beruf, seinem Einkommen und seiner gesellschaftlichen Position. Wer bei diesen Aspekten nicht mithalten kann, hat es schwer, in dieser Gesellschaft einen wirklichen Stellenwert zu erhalten.

In Sonntagsreden werden zwar auch andere Qualitäten gepriesen: die kinderfreundliche Gesellschaft, die Leistung von Jugendlichen, die Erfahrungen und Tugenden der älteren Menschen. Aber nur selten zieht die Gesellschaft daraus Konsequenzen, was längst überfällig wäre. In Wirklichkeit bleiben Jugendliche und alte Menschen weitgehend ausgeschlossen. Die Phase, in der man „dazugehört", ist sehr kurz, und sie wird offenbar immer kürzer. Immer stärker erfahren Jugendliche und alte Menschen dieses Ausgeschlossensein als ein gemeinsames Schicksal, dem sie sich heute nicht mehr einfach beugen. Das halte ich für eine sehr positive Entwicklung.

Die Lösungen sind m. E. nicht in der Vergangenheit zu suchen, etwa in der angeblichen Rückkehr zur Idylle der Großfamilie anstelle der Ein-Personen-Haushalte. Ich warne auch davor, daß wir uns einfach an der Politeia Platons, an der christlichen Tradition oder auch der römischen Staats- und Gesellschaftsordnung orientieren: Die überall dort praktizierte Zuweisung von Autorität und Ansehen zum Alter hatte eine beträchtliche Geringschätzung und Verachtung des Jugendalters zur Folge. Wir haben in unserer Zivilisation und Kultur lange gebraucht, bis wir das Kindes- und Jugendalter überhaupt anerkannt haben. Wir sind noch weit davon entfernt, die Forderungen Rousseaus in unserer Gesellschaft durchgesetzt zu haben.

Dennoch möchte ich – Iring Fetscher stimuliert mich dazu – zur Vorsicht mahnen gegenüber der Aussage, die Menschen seien nicht mehr bereit, sich für Kinder einzusetzen. In einer Gesellschaft, in der alles andere sehr viel mehr wiegt als die Sorge für Menschen, gehören jedenfalls schon starke Persönlichkeiten dazu, zum Kind „ja“ zu sagen und sich für Kinder einzusetzen.

Wir haben lange Zeit an einer Wissenschaftsgläubigkeit festgehalten, die den Menschen allein der Machbarkeitsphilosophie unterworfen hat. Dabei gab es nichts Wichtigeres, als das Leben bis hin zu den äußersten Möglichkeiten zu verlängern. Wir haben alles verdrängt, was nicht mit den Begriffen Stärke, Tüchtigkeit und Erfolg belegt werden konnte.

Dies ging so weit, daß in den siebziger Jahren im amerikanischen Wortschatz der Begriff „Tote“ praktisch eliminiert wurde. Bei uns wurde das Wort „alt“ gemieden, wo immer das möglich war, ich erinnere nur an Begriffsbildungen wie „Senioren“: Als in den siebziger Jahren – ich nenne hier stellvertretend Simone de Beauvoir als eine in der Literatur herausgehobene Altersforscherin – auf diese Tabuisierung des Älterwerdens und auf den Wert der unterschiedlichen Lebensphasen hinwies, konnte sie sich anfangs kein Gehör verschaffen.

Ich sehe den heutigen Stellenwert der Beschäftigung mit dem Alter in der Wissenschaft und in der Politik nicht darin, unsere Zugriffsmöglichkeiten, unsere Steuerungen noch perfekter werden zu lassen. In einer Gesellschaft, in der der Anteil der Alten wächst und gegenwärtig schon 21 Prozent ausmacht, wachsen die Zugriffsinteressen natürlich. Aber die Gerontologie, die Altersforschung in den verschiedenen Disziplinen, zeigt uns heute ein anderes Bild des älter werdenden Menschen. Das sollte viel stärker beachtet werden. Statt dessen finde ich, wenn ich mich in der Politik umschaue, überwiegend die Rede von „Alters*last*“, von „Renten*last*“, von „Krankenkassen*last*“, von „Generations*last*“. Ursula Lehr hat für unsere ökonomisch durchtränkte Gesellschaft den Begriff des „Alters*kapitals*“ dagegen gesetzt. Ich glaube, man muß mit solchen Gegenbegriffen aufwarten, damit wir nicht nur in den Kategorien von Belastung über Kinder und alte Menschen sprechen.

Die Tabuisierung von Krankheit und erst recht von Tod macht deutlich, daß wir die Möglichkeit verloren haben, den Tod als etwas Sinnvolles in der Kreatürlichkeit der menschlichen Gattung zu sehen. Vielleicht fällt es uns noch leichter, Tod und Werden in der Schöpfung nachzuvollziehen. Allerdings sollte man die Angst vor Krankheit und Tod auch nicht für etwas „Unnatürliches" halten. Ich erinnere nur an das Alte und Neue Testament, an die jüdische und christliche Tradition, wo Altersängste ebenso vorhanden sind wie Ehrfurcht und Anerkennung des Alters. Das Beispiel Christi macht sogar deutlich, daß selbst das Wissen um Auferstehung und Leben ihn als kreatürliches Wesen nicht vor der Kreuzesangst geschützt hat.

Ich meine, es wäre der schlechteste Dienst, den wir einer Gesellschaft erweisen könnten, wenn wir die Ängste auszurotten suchten. Ich möchte keine Generation aufwachsen sehen ohne die menschenschützende, vielleicht auch entlastende Kraft der Angst. Sicher, es gibt eine paralysierende, lähmende, eine zu vermeidende Angst. Aber es gilt auch, Angst zu erhalten. Vielleicht ist mir bei unserem Thema heute das Wichtigste, daß wir die Altersangst nicht völlig ausrotten wollen. Damit meine ich das Eingeständnis menschlicher Schwäche und Gebrechlichkeit, auch des Kräfteverlustes, das dennoch nicht dem Satz entgegensteht, daß das ganze Leben, wie Ernesto Cardenal es nennt, sich stets erneuert. Wir sollten uns unserer Grenzen wenigstens genauso bewußt sein wie unserer Möglichkeiten und unseres Könnens. Wir sollten beherzigen, was Max Scheler in seinen nachgelassenen Schriften in einem Aufsatz über den Tod so umschrieben hat: Wir dürfen den Fortschritt nicht so weit treiben, daß wir auch noch den Tod wegfürchten müssen. Manchmal glaube ich, daß die Situation, vor der Max Scheler gewarnt hat, längst eingetreten ist. Wir stehen an einem Wendepunkt, wo wir wieder akzeptieren müssen, daß der Tod zur menschlichen Wirklichkeit gehört.

Aber dies darf nicht dazu veranlassen, hinzunehmen, was wir ändern können. Jahrhundertelang hat der Mensch Angst vor der Natur gehabt. Treten wir nicht heute in eine Phase ein, wo die Natur Angst vor dem Menschen haben muß? Müssen wir uns nicht bewußt werden, daß wir möglicherweise bereits in eine zivilisatorische Epoche eingetreten sind, in der der Mensch Angst vor dem Menschen hat, vor seinen nicht aufbauenden, sondern zerstörerischen Möglichkeiten?! Ich glaube, dies trennt die Jugend am stärksten von allen anderen Altersgruppen, nämlich die Angst vor dem, was wir nicht konstruktiv, sondern destruktiv tun. Deswegen habe ich dafür plädiert, daß wir uns die Altersangst erhalten – vielleicht sollte ich auch sagen: Erhalten wir uns ein Stück der konstruktiven Lebensangst. Sie verbindet zwischen den Generationen und muß nicht trennen.

Ich glaube, es ist ohnehin längst an der Zeit, sich stärker des Gemeinsamen als des Unterschiedlichen zwischen den Generationen bewußt zu werden. Damit erwächst im politischen Feld die Aufgabe, Strukturen zu schaffen, die andere Formen der Lebensgestaltung und des Miteinanders der verschiedenen Generationen ermöglichen. Gewiß trifft es zu, daß wir in unserer Gesellschaft Züge von Individualismus, von privatistischer Lebensführung, auch von Narzißmus, haben. Aber Narzißmus sollte immer Anlaß zu der Frage sein, welche Störungen dahinterstehen, welche Mängel, welche Verluste. Unsere Gesellschaft leidet nicht in erster Linie an materiellen, sondern an seelischen Problemen, und eine der Hauptursachen liegt in den Beziehungen der Menschen, sei es in der Gruppe der Gleichaltrigen, sei es zwischen den Geschlechtern und zwischen den Generationen.

Wir machen es uns zu leicht, wenn wir einfach erklären, daß die Menschen zuviel Freiheiten hätten und deshalb zu Individualisten und Egoisten geworden seien. Ich möchte daran erinnern, wie kurz die Zeit ist, seit Menschen überhaupt „Ich“ sagen dürfen. Dies gilt vor allem für die Frauen, besonders für die älteren unter ihnen: Bertolt Brecht hat in der Geschichte von der „Unwürdigen Greisin“ thematisiert, daß jeder Mensch das Recht hat, sein Leben nach seinen eigenen Vorstellungen zu gestalten, wie wenig Verständnis ihm aber dafür häufig entgegengebracht wird. Und auch heute ist vielen Menschen, vielen Frauen vor allem, die Möglichkeit dazu verschlossen.

Gegenwärtig müssen wir wieder lernen, Ichbedürfnisse, Ichsein und Leben in Gemeinschaft auszubalancieren.

Dafür ist es nicht mit der Abschaffung der Ein-Personen-Haushalte getan. Wir müssen uns überlegen, wie wir denn zwischen den Haushalten, zwischen den Menschen in ihren Häusern, Wohnungen und Nachbarschaften, in unseren Gemeinden – die Kirchen eingeschlossen – miteinander umgehen. Vergessen wir dabei nicht, daß wir Wohnungen gebaut haben, in denen ein Zusammenleben von mehreren Generationen gar nicht vorgesehen ist. Diejenigen, die zur Pflege ihrer alten und kranken Angehörigen bereit sind, müssen sich fragen, in welchem Zimmer einer Sozialwohnung mit 72 m^2 Normierung ein Pflegebedürftiger überhaupt aufgenommen werden kann. Wo gab es denn die Mehrgenerationen-Sichtweise in öffentlichen Planungen? Wie erging es denn den Frauen, die diese Wohnungszuschnitte vorfanden? Ich denke mir manchmal: Hätten wir statt vieler hochdotierter Architekten mehr Frauen mit normaler Familien- und Wohnungserfahrung planen lassen, wäre mancher Unsinn wahrscheinlich nicht gebaut worden.

Selbsthilfe, wie wir sie heute in der älteren Generation und zwischen den Generationen finden, wird oft sehr schnell mit dem Hinweis zurückgewiesen, daß der Staat sich seinen Verpflichtungen entziehen wolle. Dies ist natürlich nicht gemeint: Nach dem Prinzip der Subsidiarität ist der Staat verpflichtet, dort zu helfen, wo sich der Einzelne allein nicht helfen kann, aber er soll die Möglichkeit der Selbsthilfe unterstützen. Ich lerne derzeit viel von den Selbsthilfegruppen, sei es innerhalb oder außerhalb der Heime. Ich will mich im übrigen an der allgemein verbreiteten Heimschelte nicht beteiligen. Wir brauchen die Heime. Wir werden sie nicht alle in Altenwohngruppen auflösen können. Wahrscheinlich ist das oft zitierte Wohnkollektiv auch nur eine Utopie, die wir mit uns herumtragen. Was die Jüngeren, was wir als Studenten kaum geschafft haben, das sollte man nicht zur Normvorstellung für Ältere mit einer langen Entwicklungs- und Erfahrungsgeschichte machen. Aber ich bin durchaus für Versuche in diesem Bereich. Auch der gescheiterte Versuch bringt ein Mehr an Erfahrung. Wir sollten uns gerade in der Altenpolitik davor hüten, zu meinen, der Staat könne alles besser als die Menschen selbst.

Das Thema „Pflege und Pflegeabsicherung“ hat in der öffentlichen Diskussion längst einen höheren Stellenwert als die Frage der Beteiligung der älteren Menschen an der Gesellschaft. Ich unterstreiche noch einmal, daß der Staat sich dieser Aufgabe nicht entziehen darf. Wir hätten uns diesem Problem schon vor 10 Jahren nachdrücklich widmen müssen, sowohl was die häusliche Unterstützung als auch die teilstationäre oder stationäre Unterbringung betrifft. Es mag Einsamkeit in Heimen geben, aber maßen wir uns nicht an, ein pauschales Negativurteil über Altenheime auszusprechen. Hier geschieht viel an Einsatz von Hauptamtlichen, Ehrenamtlichen und Zivildienstleistenden. Und mancher alte Mensch hat erstmalig im Heim eine lebenswerte Unterkunft und Zuwendung gefunden. Glauben wir doch nicht, daß die Familie, so sehr sie unser wichtigster Hort ist, all das erfüllen kann, was wir an Wünschen auf sie richten! Deswegen kann unsere Politik nicht darin bestehen, alle Heime zu schließen. Lassen wir für differenzierte Lösungen Raum!

Allerdings macht heute der Anteil der Menschen, die in Heimen gepflegt werden, nur 10 Prozent aus. Es wird selten gesehen, wieviel Frauen der Pflege wegen auf Erwerbstätigkeit und damit auf Alterssicherung und Einkommen verzichten. Es ist ein schlechtes Zeichen für eine Gesellschaft, daß man im Bereich der sozialen Sicherung für Menschen kämpfen muß, die außerhalb der Erwerbsarbeit Arbeit tun. Es gehört zu den neuen Weichenstellungen, daß wir nicht mehr alles am Kriterium der Erwerbsarbeit messen. Wenn wir davon loskommen, werden wir auch ein offenes Auge für schöpferische Fragen und Tätigkeiten von Kindern und Jugendlichen bekommen. Auch bei Frauen schlummern oft in einer bestimmten Lebensphase kreative Kräfte, die erst, wenn die Kinder aus dem Haus gehen und wieder mehr Freiräume zur Verfügung stehen, wiederentdeckt werden. Politik muß darauf gerichtet sein, in den verschiedenen Altersstufen Zugänge zu den verschiedenen Lebensbereichen möglich zu machen. Viele Menschen erklären heute, sie möchten nicht bis zum 60.

oder 65. Lebensjahr arbeiten. Dies mag sich ändern. Wir brauchen eine Arbeitsordnung, in der die Menschen persönlich entscheiden können, wann sie aufhören wollen. Nötig sind flexiblere Übergänge vom vollen Erwerbsleben in einen anderen Arbeits- und Tätigkeitsbereich. Die abrupten Brüche, die wir den Menschen zumuten, führen zu vielen vorzeitigen und plötzlichen Erkrankungen, die sich gewiß vermeiden ließen.

Weniger abrupte Brüche, mehr fließende Übergänge – das muß auch für den Bildungsbereich gelten. In der Tat verändert sich mittlerweile einiges. Mich überzeugt z.B. sehr, was gegenwärtig von der Jugend an Initiativen ausgeht, unsere Geschichte zu erforschen. Seit einigen Jahren sind sie unterwegs und fragen ältere Menschen nach ihren Erlebnissen und Erfahrungen. Vielleicht sind die 80er Jahre zur Aufarbeitung unserer Vergangenheit geeigneter als frühere Jahre. Ein Sprechen ist inzwischen wieder möglich, während es noch vor kurzem nahezu ausgeschlossen erschien. Ich erlebe sehr viele tolerante, zuhörende Jugendliche, die zwar vieles nicht verstehen können, die aber dennoch nicht vorschnell und dogmatisch über die ältere Generation urteilen. Auch dies sollte man einmal deutlich machen. In unseren Studien betonen wir oft, daß die Altersgruppen so strikt voneinander getrennt sind. Dies ist kein Zufall: Wir halten sie mit unseren Systemen und Institutionen ja zum Teil systematisch voneinander fern.

Ich nenne umgekehrt Beispiele aus der Aktivität der Älteren: In vielen Städten haben sich Gruppen von älteren Frauen und Männern gebildet, die an die Jugend handwerkliche Fertigkeiten weitergeben, die bei Existenzgründungen beraten, die ihnen, sofern sie Hobbyhistoriker waren, bei der geschichtlichen Spurensicherung helfen; es gibt inzwischen viele Angebote, aus der lokalen Geschichte heraus Zugänge zum historischen Geschehen zu erschließen. Andere arbeiten mit jungen Leuten im Bereich der Altenpflege, der Behindertenarbeit oder an Umweltprojekten. An vielen Orten haben zunächst jung und alt gemeinsam Biotope aufgebaut. Wenn dann die Jugendlichen sagen: „Wir wollen es jetzt alleine machen“, so ist das nur natürlich. Zusammensein heißt nicht, dauernd zusammen sein zu müssen. Auch hier gilt es, die Balance zu halten zwischen Nähe und Distanz.

In einer Gesellschaft, in der nur Zweierbeziehungen einen hohen Stellenwert haben, ist wenig Wert darauf gelegt worden, das Alleinleben einzuüben und die Eigenständigkeit auch in der Nähe zu wahren. Aber das brauchen Menschen bis in das hohe Alter hinein. Auch im Bereich der Ehekonflikte spielt dies eine wichtige Rolle. Oft gilt schon der Wunsch einer Frau, im Urlaub eine halbe Stunde allein spazieren gehen zu wollen, als Anhaltspunkt für eine nicht mehr intakte Beziehung. Dabei müßte es eine Selbstverständlichkeit sein, daß wir immer wieder auch Abstand voneinander nehmen, um zueinander Ja sagen zu können, um uns gegenseitig bereichern zu können. Dies gilt für gleichaltrige Paare, aber auch über die Generationen hinweg.

Ganz wichtig scheint mir jedoch, daß Jüngere heute wieder stärker um die Bedeutung der Erfahrung von Älteren wissen. Deshalb sehe ich eine für die Beseitigung der Arbeitslosigkeit so wichtige Regelung wie den Vorruhestand mit gemischten Gefühlen. In vielen Betrieben fehlt heute die Erfahrung der Alten, zum Teil überlegt man, sie wieder zurückzuholen. Unter dem Gesichtspunkt einer vordergründigen Rentabilität mag zwar alles für jüngere Arbeitnehmer sprechen, aber dann sollte man vielleicht gleich nur noch Maschinen einsetzen. Und selbst die sind ja bekanntlich nicht immer voll funktionsfähig. Deshalb freue ich mich – erlauben Sie mir diese Bemerkung am Rande – über jeden Computer, der ausfällt, weil damit deutlich wird, daß auch Maschinen nicht unbegrenzt einsatzfähig sind. Jedenfalls scheint mir dringlich, daß wir gerade in den Betrieben das Miteinander der verschiedenen Altersgruppen fördern und uns die Erfahrungen der Älteren zunutze machen.

Die Öffnung eines wachsenden Teils der Jugend zu den Älteren hin besagt nun nicht, daß sie alle so leben wollen wie die Älteren. Wer sich mit dieser Erwartung den Jugendlichen zuwendet, wird enttäuscht werden. Aber die jungen Leute wollen wissen, wie die Alten ihr Leben gelebt haben, was es an Erfolg, an Krise, an Scheitern gab und wie sie damit umgegangen sind. Jugendliche merken, was in unserer Gesellschaft ausfällt: Deshalb greifen sie auf die Älteren als wichtige Gesprächspartner zurück. Dem sollten sich die Alten nicht verschließen. Margaret Mead hat in ihrem Buch „Brombeerblüten im November“ gesagt: „Ich möchte, daß keine Generation von der anderen getrennt lebt.“ Alt werden heißt, wie Simone de Beauvoir gesagt hat, Aufgaben behalten, aktiv bleiben, Leidenschaften weiterhin oder erstmalig entwickeln können.

Und wenn wir dies wissen, dann besteht Vorsorge für das Alter heute weniger darin, Geld anzuhäufen, das Altenteil zu bestellen. Zweifellos ist dies auch wichtig, denn wir wissen, daß es gerade bei älteren Frauen durchaus noch Armut gibt. Aber eine schwierige finanzielle Situation ist keineswegs für alte Menschen insgesamt charakteristisch. Wichtiger erscheint mir heute, daß wir uns sehr früh auf den Weg begeben, jene Lebensphase aktiv und sinnvoll vorzubereiten und auszufüllen, die nicht im Erwerbsleben oder durch vorhersehbare Aufgaben festgebunden ist. Ich möchte uns wünschen, daß Wissenschaft, Politik und viele Menschen mit gesundem Menschenverstand in der Lage sind, nicht nur Älteren, sondern auch der nachwachsenden Generation eine humane, eine demokratische, eine lebenswerte Zukunft zu schaffen.

Leopold Rosenmayr

Alter und Jugend
Historische Ideen, soziale Realisierung

Gliederung:

Einleitung

Altern ist ein spröder Stoff. Die gedankliche Vergegenwärtigung der Ausgespanntheit des Menschen zwischen seinem Anfang und dem in so vieler Weise unsicheren – aber zumindest biologisch absehbaren – Ende, dem Tod, hat eine eigenartig erschütternde Wirkung. Sie tritt allerdings nur dann ein, wenn diese Spannung zwischen Geburt und Tod überhaupt bewußt gemacht und wenigstens zeitweise bewußt *ertragen* wird.

In dieser Zuwendung zu Geburt, Tod und Lebensbahn reicht unser Bewußtsein nicht zu. Es erweist sich als eine beschränkt wirksame Kraft, und unserer Vernunft zeigen sich ihre Grenzen. So mögen sich Ängste und Hoffnungen, wahnhafte Vorstellungen und tröstliche Einsichten, Überlegungen und Erschütterungen ineinander verschränken, wenn wir an Alter und Jugend theoretisch reflektierend unsere Gedanken wenden.

Ich möchte in vier Schritten vorgehen. In einem *ersten* Abschnitt wende ich mich einleitend einer kurzen Beschreibung des demographisch und soziologisch gegenwärtig faßbaren *Massenphänomens Alter und Altern* zu.

In einem *zweiten* Abschnitt versuche ich von einer multidisziplinär bzw. disziplinübergreifend verstandenen Position die Frage aufzurollen *„Was heißt Altern?"*

In einem *dritten* Abschnitt behandle ich von *philosophischer Position* aus die Frage: „Was bedeutet das Lebensalter für die Identität des Menschen?" Ich suche die Frage einerseits *existentiell*, für das Subjekt, aufzurollen, andererseits verstehe ich unter dem philosophischen Ansatz in der Gerontologie und Lebenslauf-Betrachtung eine Sicht, welche die „Eindeutigkeit" einzel-wissenschaftlicher Aussagen zugunsten einer beschreibbaren *Vieldeutigkeit* ergänzt.

Die einzelwissenschaftlichen Behauptungen werden durch die philosophische Sicht nicht global entwertet, nur in die ihnen eigenen Wertigkeiten zurückgestuft. So kann auch die Brücke zur *Erlebbarkeit* und zur existentiellen Identifizierung mit den Aussagen geschlagen werden.

Auch in ihrem Bezug zu Alter und Altern steht die Philosophie zwischen Wissenschaft und Leben. Philosophie ist trotz ihrer oft höheren Abstraktion, worin sie sich paradox artikuliert, „dem Leben näher" als die Einzelwissenschaft.

In einem *vierten* Abschnitt versuche ich mich der Frage zuzuwenden, die das Veranstaltungsthema mit dem Begriff „Jugendwahn" zu kennzeichnen sucht. Ich werde allerdings nicht von Jugend, sondern von *Jugendlichkeit* und dem Ursprung des Ideals von Jugendlichkeit *in der europäischen Geschichte* sprechen.

Um aber Jugendlichkeit als Erneuerungsbegriff in dieser unserer europäischen Tradition darlegen zu können, hole ich zu einem, wenn auch sehr skizzenhaften, vorläufigen Versuch einer evolutionären, d.h. hier *menschheitsgeschichtlichen Deutung der Position von Jugend und Alter* aus. In dieser Überblicks-Darstellung und -deutung verflechte ich wechselseitig die Vergegenwärtigung von Jugend einerseits und Alter andererseits.

An den Schluß setze ich einige Bemerkungen – antizipierende Spekulationen – über die Bewertung der verschiedenen Positionen Älterer und Alter in der ersten Hälfte des 21. Jahrhunderts.

Hinweise zum Massenphänomen Altwerden

Die biologischen und psychologischen Prozesse des Alterns sind, bewußt oder unbewußt, sozial und kulturell beeinflußt. Sie folgen sowohl immanenten, d.h. einerseits biologischen, andererseits psychischen Gesetzmäßigkeiten, werden aber auch durch soziale Einwirkungen, durch Stützung oder Beeinträchtigung verändert, die aus der Gesellschaft kommen. Biologische Systemeffekte treffen beim alten Menschen auf sozial produzierte, ihn lebensgeschichtlich betreffende Effekte. Diese üben auf das biologische „Schicksal" tiefgreifende Wirkung aus, ja konstituieren dieses biologische Schicksal.

Typische, aus bestimmten Berufen folgende Leiden machen diesen Einfluß sehr anschaulich. Auch die Lebenserwartung ist selbst in den hochentwickelten Ländern deutlich sozialökonomisch und beruflich verschieden.[1] Menschen, die durch Bildung und Geld mehr Voraussetzungen haben, auf sich und ihre Gesundheit zu achten und für sie zu sorgen, leben auch länger. Die Lebenserwartung von Lehrern, Pfarrern, Privatangestellten höheren und mittleren Ranges liegt deutlich über der Lebenserwartung von weniger und gering qualifizierten Arbeitern.

Doch wirken auch allgemeine gesellschaftliche Entwicklungen durch Medizin und soziale Vorsorge auf den einzelnen. Die Ausschaltung von vielen Infektionskrankheiten, die operativen Eingriffe der vielfältigsten Art und die durch Medikamente herbeigeführte Zurückdrängung chronischer Erkrankungen haben die *Sterblichkeit hinausgeschoben*. Die hier schematisch wiedergegebene Überlebenskurve hat sich von einer Diagonalen mehr und mehr zu einer rechtwinkeligen Form entwickelt.[2]

Das Rechtwinklig-Werden der Überlebenskurve
(Der Tod wird ein "Alterstod")

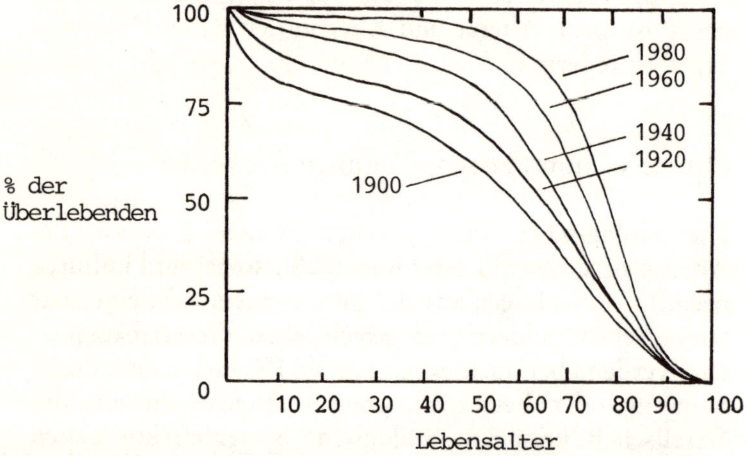

Diese Wandlung von einer um 1900 der Diagonale ähnelnden Kurve zu einer heute dem rechten Winkel sich annähernden ist der Grund, weswegen man von „Rektangularisierung" (Herausbildung eines rechten Winkels) in der statistischen Darstellung des Überlebens spricht. Diese Kurvenform zeigt die Hinausschiebung und dann erfolgende Plötzlichkeit des Abfalls der Wahrscheinlichkeit des Überlebens. Gestorben wird spät im Leben. Der Tod hat ein altes Gesicht. Dies zeigt uns die fast rechtwinkelig gewordene Kurve.

Aber nicht nur der Tod, auch die Krankheiten werden verschoben. Führen wir uns dies an Hand eines zusätzlichen Schaubildes vor:

Die Verschiebung von Krankheiten und Symptomen auf das Lebensende hin

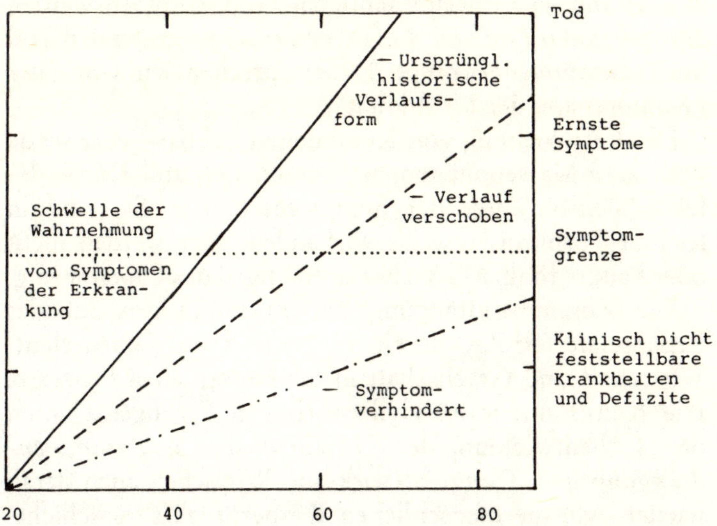

Vor dem Einsetzen technologisch hochentwickelter Diagnoseverfahren und *vor* der Massenzugänglichkeit und Massenwirksamkeit der modernen, durch industriell produzierte Medikamente gestützten Medizin wurden bald nach der Überschreitung der 40-Jahresgrenze ernste Krankheitssymptome zur Dauerbegleitung menschlichen Daseins.

In der obersten, durchgezogenen Linie sehen wir, wie der Mensch vor 1900 nach unserem heutigen Maßstab *früh* im Dasein mit etwa 40 Jahren ein von Krankheiten gekennzeichnetes Leben führte. Die Lage änderte sich dadurch, daß chronische Leiden durch operative Eingriffe bzw. dauernde Einnahme von Medikamenten oder durch technische Hilfen von den Hörapparaten über künstliche Gelenke bis zu Herz-Schrittmachern bzw. transplantierten Organen der verschiedensten Art gegen das Lebensende hin zurückgedrängt wurden. Dies deutet die strichlierte Linie an. Sie läßt uns erkennen, wie die Überschreitung der Grenze (abgebildet durch die waagerechte Linie und die Schnittpunkte der Geraden auf ihr) zu den ernsten und meist auch psychisch beträchtlich belastenden Symptomen um 15–20 Jahre verschoben wird. Die schweren Erkrankungen mit lebensbeeinträchtigenden Symptomen werden also *gegen das Ende der Lebenserwartung* – gegen den Tod hin – *zusammengedrängt.* Daher sprechen wir von einer „Kompression der Morbidität".

Die Verschiebung von Krankheiten auf das Lebensende wird zum Massenphänomen. Krankheiten und Körperdefekte bleiben unter der Symptomschwelle. Sie sind in leichter Form ansatzweise vorhanden, aber werden nicht oder kaum „fühlbar". Sie beeinträchtigen das Leben wenig.

Die Zusammendrängung der Erkrankungen auf das Lebensende erfolgt durch Eingriffe von Wissenschaft, Wirtschaft und Gesellschaft in die biologischen Prozesse. Die Kultur mit ihren zivilisatorischen Errungenschaften der Hochentwicklung der Medizin wird so als *Zusammendrängung von Krankheit* wirksam. Wir sehen auch daran wieder, wie die menschlichen Körperprozesse geschichtlich und kulturell bedingt sind. Das biologische Potential des Menschen ist immer kulturell überformt: auch an den Krankheiten wird dies deutlich ablesbar. *Kultur*wandel ist für den Menschen daher auch *Natur*wandel.[3]

Die dritte, durch Strichpunkte gebildete Linie zeigt die erwartete bzw. erstrebte Hoch-Alterung *ohne* schwere Krankheitssymptome an. Im Sinne des oben dargestellten „Rechtwinkelig-Werdens der Überlebenskurve" tritt der Tod verzögert ein. Das Einsetzen beschwerlicher ernster Krankheitssymptome belastet vor allem die letzte Lebensphase. Nach dieser mehr und mehr Gestalt annehmenden Utopie stirbt der Mensch am Alter, nicht an der Krankheit. Haben diese Rück-Einwirkungen von Wissenschaft und Kultur *auf die Species Mensch zur Verlängerung und Verbesserung des Lebens* eine Mutation hervorgerufen?

Die vom Menschen geschaffenen Teilstrukturen der Umwelt, zerstörerisch und gefährlich wie sie sind, *haben das genetische Potential des Homo Sapiens zur Wirkung kommen lassen.* James Birren, ehemals Leiter des Percy Ethel Andrus Center in Kalifornien, schlägt vor, von einem neuen Typus, vom Homo Longaevus, dem *langlebigen Menschen* zu sprechen.[4] Der Homo Longaevus prägt sich in individuellen und sozialen Formen aus. Das mittlere Lebensalter betrug in Deutschland 1871 noch 27 Jahre, es rückte in 80 Jahren, bis 1950 auf etwa 35 Jahre hinauf und schob sich in den frühen 80er Jahren auf die 40 Jahre vor. Es wird um 2030 schon auf fast 50 Jahre angestiegen sein. Das sind in etwa eineinhalb Jahrhunderten, vergleichsweise also in wenigen Sekunden Menschheitsentwicklung, enorme Dehnungs- und Verlagerungsprozesse in der Bevölkerungsmasse, Veränderungen menschlichen *Lebens- und Erlebenspotentials.*

Wie können wir in den hochentwickelten Ländern den Homo Longaevus charakterisieren? Ein 60jähriger Mann in der BRD hat 17, eine 60jährige Frau hat 21 Jahre mittlere Lebenserwartung.[5] Das Altenleben hat sich verändert: Während man früher bald nach der Pension starb, ist man heute *halb so lang in der Rente wie im Beruf.* Vorberufliche Ausbildungszeit und nachberuflicher Feierabend haben stark zugenommen, die Lebens-Arbeitszeit ist geschrumpft.

In gewisser Weise vergleichbar ist die Veränderung des familiären Lebenszyklus erfolgt. Mit 40–45 Jahren hat die Frau heute ihre grundlegenden familiären Pflichten den Kindern gegenüber beendet, aber noch *30–35 Jahre Lebenserwartung.*[6] Hier zeigt sich der Überschuß der Evolution, den der Mensch allerdings bewußt noch weiter gesteigert hat. Die nachelterliche Phase dauert heute etwa *zehnmal so lange wie noch vor 100 Jahren.*[7]

Selbst wenn wir über Europa hinausblicken, sehen wir, daß in 40 Jahren eine Milliarde Menschen 60 und älter sein wird. Drei Viertel dieser Milliarde älterer Menschen werden dann in Entwicklungsländern leben. Der Anteil der 60 jährigen und älteren wird sich in Afrika in den kommenden 40 Jahren verfünffachen.[8] Die arme Welt bekommt neue schwerwiegende Probleme auferlegt. Durch die Familienauflösung einerseits, durch die enormen Stadtwanderungen und das Wuchern von Slums in den Megapoliden des Schwarzen Kontinents droht in den nächsten Jahrzehnten das Verhungern von Alten im Busch.[9]

Die durch verschiedene Faktoren verschärfte Benachteiligung der Armen ist ein wichtiges und zentrales Problem des Alterns. Arm und reich altern anders. Nach Frau und Mann, nach arm und reich, nach gebildet und ungebildet, gibt es sehr verschiedene Verläufe. Wir sollten eigentlich nicht von *dem* Altern sprechen, sondern es immer sozial ausgeformt sehen.[10]

Die Gesundheit ist also trotz vieler wichtiger sozialer Maßnahmen immer noch in den ärmeren Schichten schlechter als in den wohlhabenden. Auch in Europa gibt es arme Alte. Jeder 18. Mensch in der BRD über 60 ist ökonomisch und sozial arm; von den über 75jährigen ist ein Zehntel als arm zu bezeichnen.[11]

Ein wichtiges soziologisches Phänomen, das im Alter nachhaltige Wirkung zeigt, ist jenes der Singularisierung.[12] Sie betrifft im Prinzip alle Altersgruppen. Die Jungen ziehen früher von zu Hause aus, leben mit wechselnden Partnern. Die durchschnittliche Eheschließungsfrequenz fällt, die *Ehescheidungshäufigkeit* nimmt zu.[13] Viele *Geschiedene leben allein, zumindest längere Jahre hindurch, bevor sie allenfalls wieder mit jemandem zusammenziehen.* Viele *Frauen* über 60, die den Mann verloren haben, *binden sich nicht wieder*, bzw. finden keinen Partner mehr. Die Zunahme der *Einzelpersonenhaushalte*, die *von älteren Menschen gebildet werden*, ist überproportional hoch.[14] Ich spreche deswegen von einem allgemeingesellschaftlichen Trend zur Singularisierung, der sich für die älteren Generationen verstärkt ausprägt.

Singularisierung ist nicht mit „Einsamkeit" identisch oder mit dem subjektiven Negativ-Gefühl des Alleinseins. Singularisierung ist vielmehr die Institutionalisierung (weil durch gesellschaftliche Regelmäßigkeit und Anerkennung gekennzeichnete Form) des Alleinlebens.

Singularisierung samt ihren wirtschaftlichen und sozialen Folgen des Konsumverhaltens, des Wohnens, Reisens, der Freizeitverbringung bzw. des „Pensionisten-Daseins" wird nach meiner Auffassung zunehmen, *jedoch vermutlich auch komplementär neue Formen der Solidarisierung hervorbringen.* Es wird eine Suche zur Befriedigung wechselseitiger Stützung und Solidarisierung einsetzen, die allerdings auf bestimmte, *durch die Singularisierung erworbene Verhaltensweisen nicht wird verzichten wollen.*

Was heißt Altern?

Altern ist eine naturhafte Veränderung des Lebendigen, die durch Verluste und Einschränkungen gekennzeichnet ist. Neben dem Altern, dem naturhaften „Verlieren unter Widerstand", und vielfältig verschlungen mit ihm, ist ein *aufbauendes seelisches Gewinnen*, ein seelisches *„Wachstum"* durch Entwickeln auf Ziele hin möglich. „Wachstum" ist in gewisser Weise gegenläufig zu Altern. Die *Lebensprozesse sind umfassender als die des Alterns.*

Der Mensch ist seinem Altern nicht hilflos ausgeliefert. Er bleibt, wenn nicht Krankheit, Armut oder seelisches Leid ihn erdrücken, entwicklungsfähig und glücksfähig bis ins höchste Alter. Durch eine verstärkte Wahrnehmung der eigenen Endlichkeit entwickelt sich zwar keine neue Persönlichkeit. Aber eine neue Qualität mit veränderten Aufmerksamkeiten und Sichtweisen vermag in unser Leben zu treten.

Neue Erfahrungen, Krisen und Chancen können uns tiefgreifend verändern. Die zweite Lebenshälfte ist nicht nur länger, sondern auch ereignisreicher, als dies auf den ersten Blick hin erscheint.

Im Älterwerden erfahren wir neue Lebensabschnitte mit speziellen Schwierigkeiten. Es vermag sich ein neuer Ernst zu zeigen. Vertiefte Erlebnismöglichkeiten öffnen sich dem, der sie sucht. Die verschiedenen, besonders vielleicht die enttäuschenden Erfahrungen mit sich selber erlauben eine bessere Vorschau in die verbleibende Zukunft. Trotzdem – oder gerade deswegen – werden die Entscheidungen nicht leichter. Wir werden auf eigene Beengungen und Grenzen deutlich hingeführt.

Alternsprozesse beginnen prinzipiell mit der Geburt, verstärken sich aber nach den Veränderungen durch die Pubertät. Fast alle Alternsprozesse laufen zwar entsprechend einem genetischen Programm ab, sind aber niemals *nur* biologisch gesteuert. Der höher entwickelte Organismus, besonders der Mensch, kann als ein durch die Beziehung zur Umwelt gesteuertes und kultur-geformtes entwicklungsoffenes System betrachtet werden. Diese systemorientierte Sichtweise darf keineswegs als die alleinige

Betrachtungsweise des Menschen angesehen werden. Diese Sicht gehört aber dazu, wenn vom Schnittpunkt der Kräfte im Altern die Rede ist.

Der Mensch ist den biologischen Gesetzen, dem Austausch mit der natürlichen und selbstgeschaffenen Umwelt unterworfen. Er lebt mit der inneren Wechselwirkung von Organismus, Seele und geistigen Fähigkeiten und in Beziehungen zur natürlichen und sozialen Umwelt. Und diese Umwelt wird von der Kultur und vom Stand der Zivilisation bestimmt.

Altern erfolgt nicht als ein einziger Prozeß, sondern ist vielschichtig, verläuft in einer Mehrzahl von Prozessen. Diese Prozesse geschehen nebeneinander oder greifen in verschiedenen Formen ineinander ein. Sorgfältige Beschreibungen und Nachweise von Alterungseffekten in Geweben oder Blutgefäßen haben uns bis jetzt zu keinen klaren ursächlichen Zurechnungen geführt, von wo die entscheidenden Wirkungen des Alterns ausgehen. Es gibt keine einigermaßen eindeutig feststellbaren Schrittmacher organisch im Menschen auffindbarer biologischer Alternsprozesse.

Eine neue Sichtweise des Alterns hebt die innerorganische, genetisch gesteuerte Informatik hervor. Die Wirksamkeit dieser organischen Mitteilungen und „Instruktionen“ entwickelt sich im Austausch mit der Umwelt. Der Träger dieser Austauschprozesse ist die Erbsubstanz, welche das Verhalten vor-kodiert.

Die Eigengesetzlichkeit der erblich vorgegebenen Informationswege – und deren Veränderungen – bestimmen die Alterungsprozesse im Organismus. Altern ist eine vielschichtige naturhafte Veränderung des Lebendigen, wobei Verlustprozesse im Vordergrund stehen. Diese Verluste können sowohl von der Selbststeuerung des Organismus als auch durch Außenbeeinflussung in sehr verschiedenem Ausmaß korrigiert und kompensiert werden. Altern heißt bei Widerstand biologisch verlieren.

Biologische Mechanismen des Alterns stehen mit eingeschränkten Funktionen von Zellsystemen in Zusammenhang. Für das Zell-Altern sind zwei Arten von Verlust- und Anhäufungsvorgängen bedeutsam, nämlich jene, welche den Arbeits-Apparat der Zelle betreffen, und jene, die das Informationssystem auf zellulärer Ebene beeinträchtigen.

Doch *Altern ist nicht nur Zellaltern,* sondern auch Gewebs- und *Organaltern*, also Veränderung in den Teilsystemen des Organismus. Wenn Altern auch entscheidend von der Zelle ausgeht, bzw. den inner- und zwischenzellulären Beeinflussungen auf die Zelle, so gibt es in den höheren Einheiten innerhalb des Organismus eigene Systemprozesse des Alterns.

Dort, wo das Immunsystem in größerem Umfang Fehler zu begehen beginnt, dürfte es sich um *Vermittlungsfehler* der Erbsubstanz (DNA) handeln. Wir wissen immer noch nicht, wie sich diese Vermittlung von der Erbsubstanz her im einzelnen vollzieht. Es deutet aber eine Reihe neuester Forschungen darauf hin, daß in der Erbsubstanz für bestimmte Entwicklungsstufen des Organismus schubweise Informationen an die im Organismus vorhandenen Systeme – so also auch an das Immunsystem – abgegeben werden. Auch das falsche „Timing" dieser Freisetzung von Information innerhalb des Organismus kann zu schweren immunologischen Systemfehlern führen und „vorzeitiges" Altern auslösen.

Altern und Erkranken sind zwei verschiedene Prozesse, die jedoch in Wechselwirkung zueinander treten können. Daß Krankheit und Alter theoretisch getrennt werden müssen, läßt sich daraus begründen, daß Erkrankungen und Alterung in den gleichen Individuen voneinander abweichend auftreten und jeweils verschiedene Wahrscheinlichkeiten aufweisen. Wenn krankhafte Veränderungen in einem bestimmten Bereich des Organismus zunehmen, „überlagern" sie allerdings die altersbedingten Veränderungen. Sie beschleunigen dann Alternsprozesse, so daß man von „Voralterung" spricht.

1. Altern, Entfaltung, Erfüllung

Um dem Spannungsfeld „Leben“ gerecht zu werden, erscheint es notwendig, der Vorstellung des Alterns die *Eigendynamik von bewußtem Leben und dessen Einwirkungsmöglichkeiten auf Alternsprozesse* im Sinne einer gezielten Bemühung unter dem Begriff der *Entwicklung* gegenüberzustellen.

Entwicklung beruht auf einer Bewegung der gesamten menschlichen Persönlichkeit. Sie geschieht im Konflikt mit der Umwelt, aber auch gestützt durch Gesellschaft und Kultur. Entwicklung führt zu Entfaltung. Entfaltung vermag Erfüllung zu gewähren.[15]

Entfaltung ist möglich, selbst bei schweren Einbußen gesundheitlicher Art. Erfüllung und Glück, Gelassenheit und Freude sind zwar altersunabhängige Ereignisse oder Prozesse, können aber mit dem höheren Alter Steigerungen erfahren. Dies geschieht z.B. dann, wenn trotz körperlicher Veränderungen mehr Einsicht, mehr Rücknahme von Forderungen an sich und an andere Menschen, erreicht wird. Das *Einpendeln zwischen Ideal und Wirklichkeit* ist als *Integration der Persönlichkeit* leichter, wenn hohe Forderungen an sich oder an andere reduziert werden. Und hohe Forderungen sind anläßlich der Einsicht in eigene Begrenzungen im Altwerden – und in die eigene Endlichkeit – eher rücknehmbar, wenn nicht eine blockierende Starrheit psychisches und geistiges Leben in einem Menschen zu ersticken droht.

Die seelische Entwicklungsfähigkeit des Menschen ist prinzipiell anders organisiert als das biologische Altern. Sie ist durch bewußte Pläne und emotional bestimmte Motivationen orientiert. Entwickeln ist expansiv. Mit seinen geistigen, in Kunst, Kultur und Wissenschaft Symbole schaffenden Fähigkeiten überwindet der Mensch teilweise biologischen Abbau. Individuelles Leben altert, Symbole aber erzeugen eine die Zeit und den Raum überbrückende Kultur.[16]

Sowohl zielgerichtete psychische Entwicklung als auch die der Kultur in Religion, Ethik, Dichtung und Kunst eingeschriebenen Modelle der Entfaltung und Erfüllung wirken beim Menschen auf die biologischen Alterungsprozesse zurück. Natürlich „zeichnen" diese biologischen Prozesse des Alterns den Menschen. Das Altern läßt seine Spuren zurück. Der Mensch ist in seinen Körper eingebunden und auf dessen biologische Funktionen angewiesen. Andererseits aber lassen die psychischen Entwicklungen und die kulturelle Durchdringung der geistigen Welt auf Antlitz und Gestalt des Menschen ihre sichtbaren Spuren zurück. Der Geist, in dem der Mensch seine Welt und sich gestaltet, wird auf ihm sichtbar; er prägt auch sein Altern. So bringt Kultur Bilder, Vorbilder und Regeln hervor, oder Zerstörungen, Zersetzungen und Mißachtungen dieser. Kultur entwickelt eine hintergründige Einflußkraft auf die Bestimmungen dessen, was als alt oder jung anzusehen sei, und wie die Lebensalter zu bewerten seien.

Selbst die wirtschaftlich-politischen Entscheidungen einer Gesellschaft sind Teil der kulturellen Steuerung, so wie sie umgekehrt ihrerseits kulturelle Entwicklungen zu begünstigen oder zu beeinträchtigen vermögen. Werden den Alten und Älteren gesellschaftlich bestimmte Werte beigemessen, so hat dies auch in der Gesundheits- und Wohlfahrtspolitik Auswirkungen, die das biologisch-organische Schicksal des Menschen mitgestalten. Es gibt kein biologisches Altern beim Menschen ohne soziale und kulturelle Einwirkungen und Überformung.

Kultur wirkt sich über die „Definitionsmacht" von Zeichen und Bildern, von Regelungen und Forderungen, wie man leben solle, auf den Organismus des Einzelnen, auf die sozio-ökonomischen Bedingungen, denen der Einzelne unterworfen wird, aus. Kultur weckt und motiviert Handlungen, z.B. des Bewegungsverhaltens, der Ernährung usw. So vermag z.B. die wissenschafts- und mediengesteuerte Fitness-Welle, samt Mißverständnissen und Übertreibungen, die körperlichen Prozesse zu beeinflussen. Ähnliches trifft, im Ausmaß und in der Art ihrer Wirksamkeit verschieden, z.B. für die Bio-Welle zu.

Für die hochentwickelten Länder empfiehlt es sich vor allem, die „älteren Menschen" (60–75 Jahre) von den Alten (75–90jährigen), Hochbetagten (über 90jähren) und Langlebigen (100 und mehr Jahre) zu unterscheiden. Es ist jedoch auch sinnvoll, von den Jung-Alten und den Alt-Alten in einem qualitativen Sinn[17] zu sprechen, d.h. von Gesundheit, Aktivitätsgrad und Selbstgefühl bzw. Selbstzurechnung der Älteren auszugehen. Es könnte demnach eine 90-jährige Frau geben, die man unter die Jung-Alten zählen würde, und einen 65-jährigen Mann, der den Alt-Alten zuzurechnen wäre.

Unersetzlich ist die historische Sicht des Alterns und der Altersgruppen. Die Geschichte formt in jeder sogenannten Kohorte Altern verschieden aus. Unter Kohorte verstehen wir eine durch gemeinsamen Ursprungszeitraum gekennzeichnete Bevölkerungs-Schnitte, die einem bestimmten geschichtlichen Prozeß im Lebensablauf unterworfen wird.[18]

Altersbilder und Altersrealität ändern sich stark mit der Arbeitsteilung, dem Wertwandel und der gesellschaftlichen Einschätzung der Lebensalter. Alle psychologischen und soziologischen Befunde sind immer auch historisch zu deuten. So überzeugend Testergebnisse sich ausnehmen mögen, und dadurch anscheinend überzeitliche Gültigkeit erwerben, nur durch Einbeziehung in große und umgreifende historische Zusammenhänge dürften sie interpretiert werden. Alles Altern ist geschichtlich zu verstehen.

2. *Ist Leben im Alter „gestaltbar"?*

Die Kontinuität im Lebenslauf ist keine gleichmäßig fließende. In manchen Phasen wird Kontinuität erst in und durch Krisen konstituiert. Wie unbestimmt und kontrovers der Begriff der Krise auch sein mag, wir wollen mit ihm hier nicht mehr ausdrücken, als daß in der Periode etwa zwischen 45 und 60 (wenn auch aus vielen Gründen für den Mann anders als für die Frau) unter dem Eindruck vorrückenden Alters als schmerzhaft empfundene Entscheidungen fallen, welche die weiteren Entwicklungen in z.T. irreversible Bahnen lenken. Es ist deutlich, daß Krisen häufig auftreten, es ist allerdings umstritten, ob es diese Krisen im mittleren Alter zwangsläufig geben *muß*. Allerdings entsteht der Eindruck, daß eine „echte Kontinuität", eine, die Spannungen im Selbst widerspiegelt, ohne Krisen sich gar nicht konstituieren kann.

Wenn wir Pubertät und Adoleszenz (frühes Jugendalter) als den „zweiten Individualisierungsprozeß" nach dem ersten der Kindheit bezeichnen, so müssen wir die Krise der mittleren oder späten Erwachsenenjahre als *dritten Prozeß der Individualisierung* ansprechen. Krisen der Individualisierung können im Menschen des mittleren und späten Alters schwere Erschütterungen mit sich bringen: Werte, Rollenmodelle, Partnerschaften, Ehen, Freundschaften, die unmittelbare Bezugsgruppe, der gesamte Rahmen oder tragende Strukturen dieses Rahmens des bisherigen Lebens können in Frage gestellt werden.

Man kann die Adoleszenzkrise mit der ihr eigenen Wertkonstituierung, mit der möglichen Neukonstitution von Lebenswerten und -formen in der Krise der späten Jahre vergleichen. Die Adoleszenz ist durch die Ablösung von den Eltern gekennzeichnet. Die Krisen des mittleren und späten Alters leiten meist auch einen umfassenden und kritischen Erkenntnisprozeß über die Eltern ein. Vielfach führt auch der Schock über deren Leiden und Tod zu einer Ablösung auf höherer Stufe, in der eine Wiederannäherung unter veränderten Bedingungen enthalten sein kann. Das späte Erwachsenenalter hat jedoch noch einen anderen Ablösungsprozeß zu bewältigen: den von den eigenen Kindern. War es die Herkunftsfamilie, in die man gestellt worden war, von der man sich als junger Mensch abzulösen und zu verselbständigen hatte, so ist es im späten Erwachsenenalter die Ablösung von jener Familie, die man durch die eigene Partnerwahl und die Einflußnahme auf die Kinder selber entscheidend mitbestimmt hat. Diese Ablösung von den Kindern muß keinesfalls äußere Trennung im Sinne eines Beziehungsabbruchs bedeuten. Dieser Bruch kann phasenweise notwendig sein. Aber im Prinzip ist *Ablösung als Entflechtung, als Überwindung von eigenem früheren Dominanz- und Eingriffsverhalten gegenüber den Kindern aufzufassen.*

Rascher gesellschaftlicher Wandel und die Informationsüberflutung tragen heute dazu bei, daß mit zunehmendem Alter die Ängste, nicht genügen zu können, beträchtlich steigen. Die enorme Geschwindigkeit sich rasch erneuernder Technologien und sozialer Verhaltensweisen haben die Notwendigkeit ergeben, *Kompetenz* heute als *Daseinsbewältigung in und mit Flexibilität* zu bestimmen.

Durch Gewohnheit und soziale Zwänge, Ängste und das Sich-Anklammern an reale oder eingebildete Fremderwartungen wird in Veränderungsphasen die realistische Einschätzung der eigenen Kompetenz erschwert. Das Anschwellen von Information, der schnelle technologische Wandel, das Überfahren-Werden von organisatorischen Innovationen, neuen rechtlichen Regelungen usw., und die zunehmende Auflösung von allgemein gültigen Lebenslaufordnungen erhöhen die Orientierungsschwierigkeiten für den älter werdenden Menschen.

Ohne Anpassung müssen Ältere fürchten, „überholt" zu werden. Gedrängt durch die technologisch-sozialen Entwicklungen, die neues Wissen geschaffen haben, aber auch verlangen, kann die Kompetenz in der von Älteren beanspruchten Breite vielfach nicht mehr aufrechterhalten werden. Bei starker Identifizierung mit den eigenen Tätigkeiten, beruflichen und anderen, neigen alte Menschen dazu, sich in die einstmals an sie selber gestellten Erwartungen zu verfangen. Doch sind diese Erwartungen in der seinerzeit von ihnen angezielten Breite durch technologische und soziale Differenzierungen unerfüllbar geworden. So zählen *gekonnte Einschränkung, überlegte Ablösungsprozesse* bei Kompensation und besonders neue emotionale Ziele zu den wichtigen Übergangsleistungen in der Phase vor oder bald nach der Pensionierung.

Stützende Zuwendungen müßten ein Selbstakzeptieren alter Menschen erleichtern und das Annehmen der eigenen Person, wie sie wurde und ist, verbessern. Weder eine Theorie des sozialen und psychologischen Rückzugs, des sogenannten „Disengagement"[19], noch der Aktivierung schlechthin ist zu empfehlen. Am ehesten eignet sich eine Theorie, die besagt, daß bedingte selbstbejahte Aktivität Entwicklungen fördert, dadurch Entfaltung begünstigt und Erfüllung verheißt. Dies berührt sich auch mit der Auffassung, daß der angemessene und insofern „dosierte Streß“[20] als „Eustreß“ (herausfordernde und entwicklungs*fördernde* Belastung) Funktionserhaltung fördert.

Für späte Lebensziele zu sorgen, heißt, verschüttete Ansatzpunkte zu finden, freizulegen und sie zur Verwirklichung langgehegter Wünsche zu entfalten. Diese Freilegung erfordert sowohl eine Bereitschaft von seiten der Betroffenen als auch Hilfe von außen.

Die Selbstbestimmung des Lebensstils und der Verhaltensweisen im fortgeschrittenen Alter ist ein entscheidendes Element der Lebensqualität. Dieses Ziel kann aber nur aus einem dauernden Prozeß der verstärkten Bemühung um *Selbststeuerung während des ganzen Lebenslaufs* erfolgen. Das Selbst konstituiert sich in schöpferischen Akten und jeweils erneuerten Leistungen, indem die Zukunft auf dem Hintergrund der bisherigen Erfahrungen und der angestrebten Ziele gestaltet wird. Deswegen muß der Mensch im fortgeschrittenen Alter über Perspektiven für die Zukunft, über definierbare „Lebensziele“, konkretisierbare Lebenspläne und Daseinstechniken verfügen.[21] Gerade diese Pläne samt Realisierungstechniken „erhalten ihn am Leben“ und geben ihm, wenn diese Ziele richtig entworfen und bemessen sind, Lebensfreude.

Was bedeutet das Lebensalter für die Identität des Menschen?

„Des Todes sicher, nicht der Stunde wann ...“

Die Frage nach dem Alter ist nicht nur eine wissenschaftliche. Sie ist insofern eine *existentielle*, als sie Teil des Versuchs ist, die eigene Identität aufzufinden und zu bestimmen. Dieser Selbstbestimmungsversuch, der über die intellektuelle Bemühung hinausgeht, ist vergleichbar dem Weg, seine Identität als Mann oder Frau zu bestimmen. Im Konflikt und in der Desorientierung durch Suchprozesse und Entwürfe konstituieren sich die Elemente von Frau-Sein und Mann-Sein. Auch das Alter ist auf der Suche nach einer neuen gesellschaftlichen und politischen Bewertung.

Seit frühesten Zeiten hat der Mensch sich in den Gegensatzpaaren gesehen, welche die Natur ihm vorgegeben hat: als *Frau* und *Mann*, als *alt* und *jung*. Fruchtbarkeits- und Potenzsymbole sowie sexuelle Reizdarstellungen sind schon aus der Eiszeit – vor über 25 000 Jahren – überliefert.[22] Die Darstellung von jung und alt tritt erst in der sich entfaltenden Hochkultur auf.

Aus der XII. Dynastie in Ägypten im 19.–17. vorchristlichen Jahrhundert sind zwei künstlerisch bemerkenswerte Holzstatuen überliefert, welche die Persönlichkeit eines Schreibers – vielleicht eines Dichters – gleich zweimal zeigen, als *jungen* und als *alten* Menschen.[23] Es ist sehr deutlich, daß es sich um *denselben* Menschen handelt, und doch ist die Distanz über die Jahrzehnte hinweg so verfremdend, daß den Beschauer ein gewisser Schrecken befällt. *Ein Leben liegt zwischen dem Jüngling und ihm selbst als altem Mann.* Die Identität bleibt gleichsam in Schwebe.

Man versteht, daß Platon im Symposion sich fragte, ob der Mensch, in dem ungeheuren Wandel, dem er im Lebensprozeß unterworfen ist, überhaupt noch derselbe bleiben könne. Heraklits Wort „Alles fließt" war für die klassische griechische Philosophie zu Platons Zeiten noch sehr präsent.[24]

Wir sehen: *Mit dem Fragen nach dem Alter stoßen wir unweigerlich auf die Identitätsfrage.*

Um sie weiter zu entfalten, möchte ich die *Leidenschaft* mit einbeziehen. Todernst hat Arthur Schnitzler das Altern angesehen, in der Zerreißprobe der Leidenschaft. In seiner Novelle „Casanova's Heimfahrt" schildert er den alten Casanova auf der Rückreise nach Venedig, von wo er vor Jahrzehnten aus den Bleikammern geflohen war. Und unterwegs gerät er natürlich in ein Liebesabenteuer mit einer jungen, schönen Marcolina, die ihn schroff zurückweist. Das Mädchen ist mit einem jungen Offizier verlobt, der im Spiel gegen Casanova sich so hoch verschuldet, daß er sich nur so loskaufen kann, indem er in ein von Casanova vorgeschlagenes Täuschungsmanöver einwilligt. In der Nacht steigt der alte Frauenheld im Mantel des jungen Offiziers und mit dessen Wissen in die Kammer Marcolinens, die (wie die Geschichte Schnitzlers will) erst *nach* der Liebesnacht den Betrug merkt. Und da, bei Sonnenaufgang, legt sie den ganzen Haß, dessen sie fähig ist, in einen verachtungsvollen Blick auf den Betrüger Casanova. Schnitzler schreibt:

„Und Casanova wußte, wie sie ihn sah; denn er sah sich selbst gleichsam im Spiegel der Luft und erblickte sich so, wie er sich gestern in dem Spiegel gesehen, der im Turmgemach gehangen: ein gelbes böses Antlitz mit tiefgegrabenen Falten, schmalen Lippen, stechenden Augen – und überdies von den Ausschweifungen der verflossenen Nacht, dem gehetzten Traum des Morgens, der furchtbaren Erkenntnis des Erwachens dreifach verwüstet.

Und was er in Marcolinens Blick las, war nicht, was er tausendmal lieber darin gelesen: Dieb – Wüstling – Schurke –; er las nur dies eine –, das ihn schmachvoller zu Boden schlug als alle anderen Beschimpfungen vermocht hätten – er las das Wort, das ihm von allen das furchtbarste war, da es sein endgültiges Urteil sprach: Alter Mann. – Wäre es in diesem Augenblick in seiner Macht gestanden, sich selbst durch ein Zauberwort zu vernichten – er hätte es getan, nur um nicht unter der Decke hervorkriechen und sich Marcolinen in seiner Blöße zeigen zu müssen, die ihr verabscheuungswürdiger dünken mußte als der Anblick eines ekelhaften Tieres.“[25]

Casanova ist *so erschreckt*, daß er nackt, nur den Degen in der Hand, davonstürzt. Vor dem Haus wartet der junge Offizier, der Bräutigam Marcolinens, mit gezückter Waffe, um Rache zu nehmen. Casanova nimmt die Herausforderung zum Duell an. Und das ist, im Augenblick der tödlichen Bedrohung, auch *der Moment des völligen Vergessens seines Alters.* Er erlebt sich mythisch, göttlich, gegenwärtig.

„Sein Arm war sicher, seine Hand war leicht, sein Auge blickte so scharf wie je. Eine Fabel ist Jugend und Alter, dachte er ... Bin ich nicht ein Gott? Wir beide nicht Götter? Wer uns jetzt sähe! – Es gäbe Damen, die sich's was kosten ließen.“[26]

In der äußersten Angst wird Casanova, der eben noch alter Mann war, zeitlos und selbstsicher. Er sticht dem Jungen ins Herz und flieht in seinem Reisewagen Venedig zu.

Die tiefenpsychologisch fundierte Novelle Schnitzlers enthält in der Ritterstaffage des Machismus einen Kern Wahrheit. *Von einem Augenblick zum anderen wechselt bei Casanova das Verhältnis zum Alter.* Tiefe *Betroffenheit über das häßliche eigene alte Angesicht,* wie es sich im Blick der schönen jungen Frau spiegelt, erfaßt ihn, und das Gefühl, *zerstört oder einfach vergangen* zu sein. Und kurz darauf, im äußersten Daseinskampf, findet er die *zeitlose Identität mit sich selbst.*

So sind wir vielleicht im Alter: einerseits, wenn wir überleben wollen, wir selber, zeitlos, andererseits in *einer Distanz zu uns*, die uns in Frage stellt. Und die Distanz entsteht, wenn wir uns sehen, mit den Spuren, Narben, Wunden, dem Ausgesprochenen und dem Verheimlichten des gelebten Lebens. Die Distanz zum Alter ist aber vor allem bedingt durch die Unbestimmbarkeit des Augenblicks der Gegenwart in der Gesamtskala des Lebenslaufs. Wir wissen nicht, wie nahe oder ferne dem Tode wir sind.

Das Alter verstärkt unsere Ambivalenz gegenüber uns selbst und dem Leben gegenüber. Sicher, wir sind auch in der Liebe ambivalent, aber die *Lust*, einmal freigesetzt, und die Liebe in ihrer höchsten Form, in ihrer Entschiedenheit, beide ragen sie deutlich über die Ambivalenz hinaus. *Niemals können wir uns jedoch im Verhältnis zum Alter aus der Ambivalenz befreien.* Wir vermögen diese Ambivalenz gleichsam zu beschwichtigen, aber im Verhältnis zum eigenen Alter werden wir niemals eindeutig.

Im 138. Sonett fragte Shakespeare in der Liebesbeziehung zu einer um vieles jüngeren Frau: „Warum gesteh' ich nicht, wie alt ich bin?" Etwas überspitzt darauf geantwortet: Es ist gar nicht möglich, es zu gestehen, wir wissen es nicht. Denn wir kennen zwar dunkel unseren Ursprung, ahnen die Kindheit, können zurückrechnen zum Tag der Geburt, aber wir kennen die Stunde des Todes nicht. „Des Todes sicher, nicht der Stunde, wann ..." schrieb Michelangelo in einem seiner letzten, in der zittrigen Schrift des über 80-jährigen festgehaltenen Gedichte.[27]

Es ist naiv zu verlangen, „Be your age!" Es ist eine der hervorstechenden Ironien in der wissenschaftlichen Forschung über Alter, daß die persönliche Beziehung zum Alter uneinheitlich und zwiespältig bleibt. Wir wissen nicht, wie alt wir sind, obwohl wir es in der westlichen Zivilisation, wo die mechanische Chronologie regiert, mit Zahlen auf Tag und Stunde genau auszudrücken vermögen.

In der Statistik und Forschung fassen wir nach Altersgruppen zusammen, nirgendwo, höchstens noch beim Körpergewicht, können wir in den Sozialwissenschaften so präzise vorgehen wie bei der *Altersbestimmung*. Und doch, so möchte ich behaupten, ist *unser Alter die uns subjektiv am schwersten zugängliche Dimension.*

Für die Alten ist das Verständnis der Jungen durch *die Erfahrungen des eigenen Lebens eher erschwert.* Die Älteren und Alten verstehen schon sich selber in ihrer Distanz zu sich (als einerseits diejenigen, die sie einst waren, und andererseits die, die sie jetzt sind) nur schwer. Wie sollen sie sich da *freimachen können, um die Jungen zu verstehen?*

Aus einer gerade in Bearbeitung stehenden Studie des Wiener Ludwig Boltzmann-Instituts für Sozialgerontologie und Lebenslaufforschung ergibt sich der aufs erste überraschende Befund: Von 600 Älteren mit dem Durchschnittsalter von 65 Jahren klagen über Zweidrittel die Älteren und Alten an, daß sie es *an Verständnis für die Jüngeren und Jungen fehlen ließen.* Dreiviertel geben allerdings an, daß sie sich im Alter freier fühlen.[28]

Läßt sich daraus nicht die Vermutung ableiten, *daß die Alten diese Freiheit auch für ihr Verständnis der Jüngeren und Jungen verwenden könnten?* Welche Bedingungen müßten hierzu erfüllt werden?

Mehr Generationen als jemals zuvor in der Geschichte leben nebeneinander und z.T. miteinander.[29] Die *Gleichzeitigkeit* (das simultane Nebeneinander-Leben) der durch *Ungleichzeitigkeit* (der Geburt, der geschichtlichen Erfahrungen in den verschiedenen Phasen des Lebenslaufs) gekennzeichneten Generationen nimmt zu. *Durch die Gleichzeitigkeit von geschichtlich weit voneinander ent-*

fernten, eben „ungleichzeitigen" Generationen entstehen Konflikte aus den Verschiedenheiten der Weltdeutung, können bis zur Unlösbarkeit verhärten.

Wenn die älteren Generationen Vergangenes nicht leugnen oder beschönigen, erlauben sie dadurch den jüngeren, Zugang zu anderen geschichtlichen Erfahrungen zu gewinnen. Das Verhältnis wird dann besonders verbessert, wenn die Jungen merken, daß sie von den Alten Anerkennung erhalten. Ist Verstehen nicht möglich, hilft Anerkennung von individueller und geschichtlicher *Andersartigkeit* in der persönlichen Lebenspraxis weiter. Im Geistigen besteht eine gewisse Altersirrelevanz und Erneuerungsfähigkeit, wodurch dynamisch die Altersgrenzen überschritten werden.

Forschungsergebnisse zeigen uns, daß innerhalb der Familien, auch wenn sie nicht beieinander wohnen, selbst wenn sie nur locker miteinander verknüpft oder teilweise sogar verfeindet sind, sich eine gewisse Grundeinstellung der Selbstverständlichkeit von Hilfe und Stützung erhalten hat, über die Generationen hinweg.

Aus einer Studie des Ludwig Boltzmann-Instituts für Sozialgerontologie und Lebenslaufforschung ersehen wir, daß sich Gefühle der Belastung einerseits und der Pflicht gegenüber den Eltern anderseits nicht ausschließen, daß sie eine Symbiose eingehen können.[30]

In eigenen Jugend-Untersuchungen fand ich den „Überhang von Tiefenbindungen" und Verpflichtungsgefühlen gegenüber den Eltern. Tiefenbindungen bleiben Jahrzehnte hindurch latent, können später im Leben, den alten Eltern gegenüber, aktiviert und operativ werden.[31] Bei Identifizierungsschwächen oder sehr hoher Ambivalenz gegenüber den Eltern kommt es allerdings von seiten der erwachsenen Kinder zu Fluchttendenzen, die eine Aktivierbarkeit ihres Hilfspotentials später stark einschränken oder ausschließen.

Ein wichtiges Phänomen, das wir in unserer Kultur beobachten, ist das der Rückorientierung der Älteren auf die Jüngeren – so, daß der Vater den Sohn fragt, welche Erfahrungen dieser bei der Arbeit mit diesem oder jenem Computer gehabt habe. Diese Rückorientierung wird durch familiäre Bindung, durch Freundschaft zwischen den Generationen erleichtert.[32]

Was ist also Alter? Es ist ein *Verhältnis zu sich*, das sich festmacht an der Position im Ablauf des eigenen Lebens, an der eigenen Biographie. *Alter bestimmt sich aber auch im Bezug auf andere, Jüngere und Ältere,* erstellt sich in der *Zugehörigkeit* zur *eigenen*, im Vergleich und in der Beziehung zu *anderen* Jahrgangsgruppen oder Generationen. Alter ist ein abgemessenes oder abgeschätztes Bezugsverhältnis zu einer im Prinzip anderen zeitlichen Lagerung. *Diese andere Lagerung in der Zeit hat etwas grundsätzlich Befremdliches und Erschreckendes.*

Der Mensch ist im Grunde nicht fähig, Zeit zu begreifen, und so ist er dem Alter gegenüber ambivalent. *Kant sah die* (im Unterschied zum Raum) *innere Unzugänglichkeit von Zeit* und bestimmte sie daher als formales Prinzip.[33]

Dichter haben diese Unzugänglichkeit der Zeit mannigfach aufgezeigt. Walther von der Vogelweide drückt den Schrecken vor der Unverständlichkeit verstrichener Zeit mit einem Wehruf aus:

„Owe, war sint verswunden alliu mîniu jâr?
ist min leben getromet oder ist es war?“[34]

Im Erschrecken vor der Zeit, die ja primär eigene Lebenszeit ist, erschrecken wir vor der eigenen Endlichkeit. Man weiß zwar um die eigene Endlichkeit, aber man *kann nicht an sie glauben.* Denn, „es fällt uns schwer zu *glauben*, was wir eigentlich *wissen*.“[35]

Reden über Altern betrifft jeden Menschen persönlich. Es führt ihn zu Vorstellungen von Verlusten und von Endlichkeit. Niemand kann sich den damit verbundenen Gefühlen entziehen. Es ist besser, diese Gefühle zuzulassen und sie zu verstehen suchen, als sie zu verdrängen.

Die Angst vor dem Altern ist ein Teil der menschlichen Urangst vor Hilflosigkeit und Tod. Alle leichtfertigen Beschwichtigungen und Vertröstungen hinsichtlich des Alters, wozu manche Gerontologen neigen, vertuschen diese Angst, statt sie einer Bearbeitung zugänglich zu machen. Das Verhältnis zur Angst ist eine Daueraufgabe des Menschen, die nie ganz gelingt.

Alte Menschen, die liebesfähig sind, oder es zumindest einmal waren, und die darin geborgen blieben, können ihre Ängste besser verarbeiten. Vielleicht sind die Ängste, wie der italienische Geriater Francesco Antonini sagt, die entscheidenden Ursachen – er sagt sogar Wurzeln – der Alterserkrankungen ...[36]

In den letzten hundert Jahren ist die Menschheit dem mythischen Traum von der Langlebigkeit einen bedeutenden Schritt überall dort *näher gekommen*, wo die ökonomischen, sozialen und medizinischen Verhältnisse ihn zu realisieren erlauben. *Das verlängerte Leben wirft mehr Fragen auf als erwartet*, und es bereitet mehr Ängste als gedacht und geträumt. Das Vertrauen in verbindliche Sinndeutungen des Lebens und des Todes hat abgenommen. Der Tod ist einsamer geworden.[37]

In einer pluralistischen Gesellschaft mit vielen Angeboten und Verlockungen wird es immer schwerer, Einschränkungen bewußt auf sich zu nehmen. Bei einem Defizit an ideellen Zielen, das durch Lebensenttäuschungen noch erhöht worden sein mag, gibt es dann wenig stützende Sinnstrukturen wie Glaubensgehalte und ethische Deutungen, welche die zunehmenden Einschränkungen besser ertragen lassen. Wenn man *Sinn* als *angewandte kognitive Interpretationsstruktur mit affektiven Konsequenzen* definiert, so werden *Krisen des Älterwerdens in zunehmendem Maße Krisen der Sinndeutung und Wertschätzung im eigenen Leben.* Man kann fast alles ertragen, wenn man weiß warum.[38] Es ist aber schwer geworden, zu wissen warum. So wachsen dem gewonnenen Alter neue Lasten zu, nicht nur Entwicklungschancen und Erfüllung.

Über Altenmacht und den menschheitsgeschichtlichen Aufstieg des Wertes der Jugendlichkeit

1. *Die Durchbrechung des Senioritätsvorteils durch die Entstehung der Hochkulturen*

Das Überleben über das Fortpflanzungsalter hinaus, die sogenannte postprokreative Lebensphase, der Abschnitt *nach* der Zeugungsfähigkeit und der biologischen Fruchtbarkeit, ist eine menschliche Besonderheit. Wegen der langen Lernzeiten des Nachwuchses war die postprokreative Phase arterhaltend notwendig. Diese Arterhaltung beruhte auf den von den Alten geschützten meist mittelgroßen Dorf- und Sippenverbänden, die zu genetischem Vorteil teilendogam abgegrenzt wurden. Fremder Einfluß mußte die Kontrollbarriere der Alten übersteigen. Neues wurde von den Alten gefiltert.[39]

In der Stammesgesellschaft entwickelte sich in einer Mehrzahl von Hauptformen das *Senioritätsprinzip* heraus. Dieses Prinzip, ob es nun sich durch *Altersklassen* organisierte oder im *Clansystem* in den Abfolgen der innerfamiliären Generationen manifestierte, erhielt die Bedeutung der Hauptkontrolle der Gesellschaft. Durch diese „Überwachungsfunktion" wurden entsprechend den von außen andrängenden Gefahren und der Notwendigkeit einer strengen inneren Integration Impulse zur sozialen Wandlung gebremst. Das Einleben neuer Kultur- oder Wirtschaftsformen wurde gesiebt und an das Nachrücken der jeweils Jüngeren in die durch das Absterben der Älteren freigewordenen Positionen gebunden.

Die von den Eltern dem Nachwuchs langfristig gewährte und mit vielerlei Inhalten erfüllte Anlernzeit war zum Überleben der Spezies Mensch nötig. Gründliches Erlernen der Kenntnisse für die individuelle Selbstbewahrung und den Schutz der Gruppe vor Witterungsunbill und Raubtieren, die Erhöhung der Wachsamkeit und die Verbesserung der Ernährung und der Lebensumwelt usw. erhöhten die Überlebenschancen und die Lebenserwartung. Die Verlängerung der Lebenserwartung war wieder die Voraussetzung zur Erhöhung der Fruchtbarkeit bzw.

der Bevölkerungsvermehrung. Denn durch die verbesserte Lebenserwartung der erwachsenen Individuen stiegen die Überlebenschancen des Nachwuchses.

Die lange Erstreckung der Kindheit und Jugend beim Menschen ist mit einem im Vergleich zu den Primaten dramatischen *Aufschub* der hormonalen Auslösung der Geschlechtsreife Hand in Hand gegangen. Sexualität wurde im Lebenslauf verzögert, um die Lernchancen zu erhöhen.

Der Sexualpause vor dem Reifungsalter entsprach die Fortpflanzungspause im späten Leben. Es wurde schon früh in der Geschichte der Menschheit für die Erhaltung der Art notwendig, daß die Frauen eine Lebensphase nach ihrem Fortpflanzungsalter, also eine *Alters*phase, entwikkelten. Eine Mutter, die gegen Ende ihrer Fruchtbarkeitsphase ein Kind gebiert, muß es ja noch ein bis eineinhalb Jahrzehnte lang aufziehen können, um es aktiv überlebensfähig zu machen.

Durch die Einschränkung der ungehemmten Herrschaft der Älteren zu Beginn der städtischen Hochkulturen entstanden Kunst und Symbole als Spiegel für *individuelle* Selbstdeutung, als Lernfelder und persönlich auf sich selbst beziehbare Deutungssysteme, wie die beiden ägyptischen Statuen aus dem alten Reich (siehe S. 58). Die Zähmung der uneingeschränkten Altenmacht ist als ein kulturellgeschichtliches Phänomen zu interpretieren, das an Bedeutung dem Inzestverbot nahekommt, welches die Heirat unter den nächsten Anverwandten weitgehend eindämmte.

Das soziale System beim Menschen ermöglichte einen Zugang zu einer qualitativ höheren Stufe. Es erwirkte viel mehr als nur situationsgebundene Kooperation für bestimmte Zwecke, z.B. Fallenstellen oder Jagd. Allianz entstand. Sie sicherte systemhaft Austausch durch wechselseitige Einräumung von Vorteilen. Diese Wechselseitigkeit brachte die Eindämmung der ursprünglich ungehemmten Dominanz der Alten. Die neuen „Allianzpartner“ sind im volleren Sinn „menschlich“. Sie haben wohl den übermächtigen „alten Vater“ vor sich, aber ihr Identifizierungsstreben schließt ein, daß *Energien zum Übertreffenwollen des Vaters übrigbleiben.*

Dieses Modell bedeutete, daß den Alten durch die *Fügsamkeit der identifizierten Jungen* vorerst für Jahrtausende Beratungsmacht verblieb. Es zeigt, daß durch Identifizierung in den Individuen Gleichgewicht und damit Konflikthemmung verankert wurde. So entstanden Freiräume, die genug Sicherheit boten, und daher Innovation entstehen konnte.

Mit der Entstehung von Hochkulturen im Zweistromland, am Nil, am Hoang Ho und am Indus, Kulturen, welche die Herrschaft zentralisierten, ergab sich eine übergreifende Beaufsichtigung von Wirtschaftsweisen, z.B. durch das babylonische und ägyptische Königtum und die von ihm befugten Machtträger, z.B. Beamten. Als legitime Vertreter der Zentralmacht erbrachte das Beamtentum starke Relativierungen der Altenherrschaft.

Ebenso tritt durch die Hochkulturen, wenn auch vorerst nur in den obersten Schichten und Führungseliten, ein *neues Informationssystem* hervor, nämlich die Schrift und die geschriebene Zahl. Dieses neue System entwertet die in der Tradition des gesprochenen Wortes machtvollen Alten.

Gegenüber der clanmäßig und in Kleingruppen („Horden", Dörfern) aufgebauten Religiosität und Magie tritt durch den Einfluß der Hochkultur ein Wandel ein. Mit der Machtzentralisierung, sei es mit ihr verbunden, sei es ihr gegenübergestellt, entwickeln sich Priestertum und damit auch Theologie. Ähnlich wie die Beamten oder die Handwerker bringen die Priester z.B. in Ägypten oder in Babylon, aber auch in Israel eine Spezialisierung von Wissen hervor. Die Priester, die sich an Stelle der Ältesten setzen, tragen gleichfalls zur Entwertung der Qualitäten des höheren Alters bei. Es ändern sich also die Machtverteilungen in der Produktion, aber auch in der „Verwaltung" des Religiösen und in den „Medien", in denen Information weitergegeben wird, z.B. der Schrift, der Astronomie usw. Wir können davon ausgehen, daß die *Hochkultur eine entscheidende Erschütterung der traditionellen stammesgeschichtlichen Führungsposition der Älteren* erbringt.

Besonders deutlich wird die Relativierung der Älteren vor allem durch die Entwicklung zum Monotheismus. Der Ein-Gott-Glaube drängt sowohl den Ahnenkult als auch den Totenkult zurück. Der Totenkult steht im Widerspruch zu dem „lebendigmachenden", alles Leben verursachenden, einzigen, übermächtigen Seelenpartner des Menschen, der oft auch zugleich kosmischer Weltherrscher ist.

So läßt sich in der Entwicklung des Judentums im ersten vorchristlichen Jahrtausend eine durch den Monotheismus schrittweise erfolgende Reduktion der Macht der Alten als Berater in politischen wie in religiösen Fragen nachweisen. *Vor Gott wird jeder gleich*. Der Junge kann ebenso gut wie der Alte vom Geist Gottes ergriffen und beseelt werden. Die Rückbildung der ideologisch-religiösen Altenherrschaft ist keineswegs erst ein Ergebnis der europäischen Moderne oder der technisch-wissenschaftlichen Zivilisation.

Die neuen, auf die Entfaltung der Arbeitsteilung und eines flexibleren politischen Systems hindrängenden Lernprozesse haben schon von der griechischen Antike an dazu beigetragen, daß Kultur als „Paideia", als jugendbezogen, aufgefaßt wurde. Kultur hieß, durch Dialog und Auseinandersetzung *selbst*-erfahrbares Lernen zur Erziehung der Kinder und als Heranbildung der *Jungen* für die „Polis" einzusetzen. Kultur war *nicht* mehr einfach Bewahrung der Werte, die in der Überlebensgesellschaft der Stämme und schriftlosen Völker einer Kontinuität und Stützung auf Dauer bedurften, sondern bildender und dynamisierender Wissenschaft.

2. *Das Ideal der Jugendlichkeit in der europäischen Entwicklung*

Der Jugendkult ist der Geschichte der europäischen Ideen und Wertentwicklung zutiefst eingeschrieben.

Die Statuen der Kouroi – der jungen Männer – waren Idole der griechischen Stadtstaaten. Dort wurden sie als Zeichen der Entfaltung der kulturellen Macht aufgepflanzt. Die junge androgyne Athene unterstrich dieses Symbol. Wir kennen die Hochbewertung der Jugendlichkeit von den Ursprüngen der europäischen Kultur her.[40]

Auch im Judentum entstand durch den von Moses entscheidend geleisteten Prozeß der Vereinigung der Stämme eine frühe Ablehnung der Altenherrschaft.

„Da sprach der Herr zu Mose: Versammle siebzig von den Ältesten Israels vor mir, Männer, die du als Älteste des Volkes und Listenführer kennst; bringe sie zum Offenbarungszelt! Dort sollen sie sich mit dir zusammen aufstellen. Dann komme ich herab und rede dort mit dir. Ich nehme etwas von dem Geist, der auf dir ruht, und lege ihn auf sie. So können sie mit dir zusammen an der Last des Volkes tragen, und du mußt sie nicht mehr allein tragen. ... Mose ging hinaus und teilte dem Volk die Worte des Herrn mit. Dann versammelte er siebzig Älteste des Volkes und stellte sie rings um das Zelt auf. Der Herr kam in der Wolke herab und redete mit Mose. Er nahm etwas von dem Geist, der auf ihm ruhte, und legte ihn auf die siebzig Ältesten. Sobald der Geist auf ihnen ruhte, gerieten sie in prophetische Verzückung, die kein Ende nahm."[41]

Jahwe „weiß", daß er den endgültigen Abschied vom Alten- und Ahnenkult nur schrittweise erwirken kann. Im Unterschied zu vielen anderen Aktionen, plötzlichen Handlungen, feuerschnaubenden, strafenden, Städte vernichtenden oder rettenden Handlungen ist es als eine Vorsichtsmaßnahme Jahwes auszulegen, daß er den Ältesten nicht ganz den Geist entziehen will. Die Ausschließlichkeit des Bundes des Volkes mit Gott im Judentum erlaubte den Kult der Alten nicht mehr. Das Judentum drängt den Altenkult und den Ahnenkult entscheidend zurück.[42] Selbst dort, wo die Ältesten an der Macht bleiben, bedarf es einer eigenen „Belehrung mit Geist" durch Jahwe. Geist ist altersungebunden.

Der Glaube an den einen Gott, der mit dem Menschen einen Bund schließt und der persönlich um Hilfe angefleht wird, bedarf keiner Vermittlung durch Ahnen. Die Idee eines starken, fordernden, aber auch zuteilenden, machtvoll schützenden und alle anderen Götter ausschließenden Gottes, wie sie für Europa durch die jüdisch-christliche Überlieferung schicksalhaft wurde, hat in der Tat den Ahnenkult gebrochen. Im Spätjudentum wurde durch die Vorstellungen einer persönlichen Auferstehung auch jeder Rückgriff auf eine kosmologische Kreislaufkonzeption unmöglich gemacht, die ihrerseits ja den Ahnenkult stützt. Die letzte Befreiung in der Endzeit, bei der Ankunft des Messias, wird die Endgültigkeit einer einmaligen Rückkehr, die Zerstörung des bisherigen und die Schaffung eines *neuen Kosmos* bedeuten.

Das Christentum verkündet die radikale Gleichstellung aller Menschen vor Gott. Christus vertritt die Idee der Überwindung der leiblichen Verwandtschaft durch eine Gemeinschaft derer, „die das Wort Gottes hören und es befolgen".[43] In der Geschichte vom barmherzigen Samariter bezeichnet er ausdrücklich denjenigen als Nächsten, der dem in Not Geratenen beisteht, und sei es auch ein Fremdling. Das Christentum bringt eine Überwindung des Sippendenkens. Dem Alter wird im Ur- und Frühchristentum keine besonders tragende Bedeutung beigemessen. Nach dem 3. Kapitel des Johannesevangeliums sagt Jesus zu dem betagten Pharisäer Nikodemus, der ihn in der Nacht aufsucht, er müsse *neu geboren* werden. Diese Gesprächsszene ersetzt die Vorstellung von der stammesgebundenen magisch-kosmischen Kontinuität und Wiederkehr durch den erweckenden „mystischen Aufbruch" der Wiedergeburt. Die Erneuerung durch den nicht vorhersagbaren Geist – er „weht, wo er will"[44] – erhellt wie ein Blitz das Suchen der Menschen in der Finsternis. Wiedergeburt wird hier und jetzt zum „Herausgerufensein" für Erlösung. Der spirituelle Neubeginn, unabhängig vom realen Alter, wird zur entscheidenden religiösen Forderung. Paulus predigt, daß der Mensch von Tag zu Tag sich zu erneuern vermöchte,[45] ja in sich selber einen neuen Menschen schaffen könne. Nicht die „Unsterblichkeit der Seele", sondern die Auferstehung, Auferweckung vom Tode lehrt Paulus am Areopag zu Athen.

Die radikale christliche Spiritualität und die Endzeiterwartung der ersten Jahrhunderte kennen keine besondere Stellung der Alten. Zwar werden Fürsorge und eine rücksichtsvolle Behandlung der Älteren in den Apostelbriefen gefordert, doch spiegelt sich darin eine deutliche Absage an jede Form einer Herrschaft der Alten. Die frühen pastoralen Schriften kennen auch keine hervorgehobene Stellung nur aufgrund hohen Lebensalters. Alter ist voller physischer Schwächen und – zum Beispiel bei alleinlebenden Witwen, die Unruhe in die Gemeinde bringen, oder alten Männern, die willensschwach werden – moralisch bedroht. Das müsse wahrgenommen und die Schwachen müßten in der christlichen Gemeinde gestützt werden.

Der Hl. Benedikt hat die Vorstellung in seine Regel aufgenommen, daß das radikale Herausgerufensein Altersirrelevanz erzeugt.

„Daß aber alle zur Beratung gerufen werden, verordnen wir deshalb, weil der Herr oft einem Jüngeren offenbart, was das Bessere ist." Oder:
„Und nie und nirgends soll das Lebensalter die Rangordnung bestimmen, noch einen Vorzug geben, da Samuel und Daniel, obwohl noch jung, die Ältesten gerichtet haben."[46]

Je mehr sich allerdings der Gang der Geschichte von der Erwartung der unmittelbar bevorstehenden eschatologischen Wiederkehr entfernte, je schwächer also der Glaube an eine demnächst zu erwartende „neue Weltzeit" wurde, die sich in einer Art Zwischenwelt realisieren würde, desto stärker traten die Versuche einer *inneren* Konstruktion einer erlösten Welt hervor. So erhielt die Theorie der *geistigen Geburt durch einen neuen inneren, im Menschen anzustrebenden Zustand* Auftrieb und Festigkeit.

Der Prediger, Theologe und Philosoph Meister Eckhart (1260–1327) hat eine solche Theorie der „Verjüngung" entwickelt. Der Mensch sei prinzipiell ewig jung, er müsse nur und solle zu seiner Jugend stets erweckt werden. Diese Verjüngung habe freilich zur Voraussetzung, daß die Seele als Abbild der Gottheit mit dieser Gottheit in ihrem (der Seele) tiefsten Grund verbunden bleibt. Diese Vereinigung wird durch Tätigkeit der höchsten Vernunftkräfte bewirkt. Eckhart vertritt für die Verjüngung also keine verschwommene oder irrationale Mystik.

Die Seele ist laut Meister Eckhart jung, aber sie wird in ihrer Arbeit mit dem Körper ermüdet. Daher ist das Altern ein Belastungsprozeß der Seele durch den Körper. „Diu sele ist als junc als dô, dô su geschaffen wart in ir selben, und daz alter, daz ir zuvelle, daz ist von des lîchnamen wegen, dâ si sich uebet an den sinnen."[47] (Lîchnam bedeutet Leib, wie das alte Wort „Fronleichnam" zeigt, das – weil „fro" Herr bedeutete – „Herrenleib" heißt.)

Der Mensch vermag aber in diesem Sich-„üben", in diesem Abarbeitungsprozeß mit seiner körperlich-zeitlichen Existenz, aus seinen inneren, im Glauben geheimnisvoll mit Gott verbundenen Seelenkräften, die nicht altern, sich immer wieder zu verjüngen. Wenn er sich zu sammeln versteht – d.h. sich aus dem Vielen abzulösen vermag und bereit ist, sich auf „das Eine, das not tut" zu konzentrieren –, dann wird der Mensch nicht alt, vielmehr werden alle Dinge ihm neu. „Wäre der Geist alle zit mit gote vereinet in dirre kraft, der mensch enmöhte niht alten ..."[48] Für alle Erweckungs- und Erneuerungstheorien der Folgezeit, aber auch für das klassische Konzept der Revolution, ist die von Eckhart entwickelte Theorie des schöpferischen Augenblicks wichtig geworden. Im Augenblick, im Zeitbruchteil, im winzigen „Nun" des Handelns bzw. des Entschlusses vollzieht sich die Verbindung zu dem in allem „Nun" präsenten Gott. In jedem einzelnen „Nun", in der inneren Handlung der selbstbestimmten Entscheidung, ist der Mensch ewig jung – und von dorther kommt seine Kraft.

Das Christentum hat den Begriff der Verjüngung, der Erneuerung für alle Lebensalter eingeführt und zum Grundbestandteil europäischer Kultur eingesetzt. Im Verlauf der europäischen Geschichte ist im Zusammenhang mit Produktion, Leistung, Erfindung, besonders durch die großen Entwicklungen von Renaissance und von Aufklärung, dem Erneuerungsbegriff als *Jugend*gedanke Übermacht zugekommen. Die *allgemeine* Erneuerungskonzeption für alle Lebensalter wurde in den Hintergrund gedrängt.

3. *Die neuzeitliche Jugendideologie und die Wirklichkeit von Jugend und Jugendlichen*

Zu Beginn der europäischen Neuzeit war die Jugend der geheime Lebensmittelpunkt Europas. Die große Hoffnung der Kultur, gefestigt durch ihre Fürsten, Fabrikanten, Gelehrten und Meister der Künste, lag in der *Jugend*, in der Zartheit der Beatrice des Dante, dem Charme der Primavera des Botticelli, in der Mächtigkeit des jungen David auf der Piazza Signoria in Florenz. Die *Lebensblüte* wurde gefeiert in den Gedichten an Laura, den Sonetten des Michelangelo, der darin auch die Vergänglichkeit beweinte. Jugend leuchtete auf als das *flüchtige, aber heroische Moment im Leben des Menschen.* Jugend kam auf als europäische Liebes- und Lebensidee. Romeo und Julia setzten Zeichen für die Fähigkeit des jungen Menschen, sich in der Zuneigung zu verschwenden. In der Frührenaissance tritt zum ersten Mal in unserer Geschichte Jugend heroisch als männlich und weiblich auf. Sie kündigt sich als Signalkraft an und gewinnt in den Jahrhunderten danach erzieherische und politische Bedeutung. Nicht die Idee der Erneuerung oder der „Wiedergeburt", nicht die des Entdeckens oder Anknüpfens an die Antike war in der Renaissance wirklich neu, wohl die der *Aufdeckung einer bewegten, realen Lebensgeschichte, die in der Jugend ihre Blüte hat.* So fand jenes Zeitalter der Dynamik, des wirtschaftlichen Expandierens in den Städten und dem Triumph des Schöpferischen für die Jugend als Verherrlichung des Lebens den ersten Platz.

In der europäischen Aufklärung, zwei Jahrhunderte später, wird die Frage der Möglichkeit des *gesellschaftlichen Eingriffs in die Jugend* gestellt. Im System von Jean-Jacques Rousseau führt dies zu der These, daß Jugend nicht mehr Kraft schlechthin ist, sondern Zeit der Chance, also Potential für das ganze Leben. Doch nur unter *günstigen sozialen* und erzieherischen Bedingungen entsteht wahre Jugend. Man dient der Jugend und der Gesellschaft am besten, indem man die Jugend *erstreckt.*[49] Man solle der Jugend die Chance geben, so lange als möglich „außerhalb" zu bleiben – noch nicht in die Verpflichtungen der Gesellschaft einbezogen zu werden.

Margaret Mead hat das im 20. Jahrhundert „Moratorium" genannt, Schonzeit.[50] Das Moratorium war im Sinne Rousseaus für die Jugend notwendig, damit die Kultur, welche die Gesellschaft entwickelt, der Jugend vermittelt werden kann. Durch den Prozeß der Kultur-Übertragung muß die Jugend zu sich selber finden. Durch Kultur als allgemein geteilter Voraussetzung kann Jugend zur Erringung eines „wahren Selbst" gelangen und die „Entfremdung" (Rousseau) überwinden. Diese Grundidee Rousseaus ist eine gewaltige Präfiguration, eine Vorwegnahme der großen Diskussionen über die Jugend im 20. Jahrhundert.

Im 19. Jahrhundert, besonders in der deutschen Entwicklung, gewinnt Jugend ideologische Gestalt. In den Befreiungsbewegungen gegen Napoleon, im Zusammenhang mit der Nationwerdung und dem Freiheitsbegriff in den verschiedenen Varianten von Arndt bis Hölderlin, wird der junge Mensch als der gesellschaftliche Heilsbringer gesehen. Im „Hyperion" bringt Freundschaft ideale Vereinigung, dient der Liebe. Im „Empedokles" dient dem weisen und an der Gesellschaft verzweifelten Alten der kühne Jüngling.[51] Im Unterschied zu der Hegelschen Auffassung, daß die Geschichte sich erfüllen könne und in der Tat sich auch schon erfülle, wird in Hölderlins „Friedensfeier" die *Erwartung* ausgesprochen, daß die jeweils sich erneuernde Jugend das Heil der Gesellschaft erst bringen *werde*.[52] Jünglinge sind Götterboten einer künftigen besseren Weltphase. Sie haben eine prophetisch erlösende Qualität, in den Freiheitskriegen natürlich auch als politische Kraft. Diesen Begriffen von Jugend folgt am Ende des 19. Jahrhunderts die Vergegenwärtigung von Jugend als gesellschaftlicher Wirklichkeit. Dabei entwickelt sich auch, in der Ausbreitung der wissenschaftlichen Pädagogik, im Sinne von Erziehbarkeit, der Begriff des „Jugendlichen". Der „Jugendliche" ist eine Gestalt des späten 19. Jahrhunderts, und zwar ein Ergebnis der weiterführenden höheren, auf die Primärschule aufbauenden Schule, nämlich des Gymnasiums.

Der Typus des *Jugendlichen* – neu gegenüber der Jugend – konnte geschaffen werden, indem die Reformpädagogen der Jahrhundertwende gegen Bürgertum, Großstadt und Starrheit der Schule, sich beziehend auf Lebensphilosophie und eigenen Kulturprotest, die Jugend*bewegung* vom Zaune brachen.

Entscheidend für diese Jugendbewegung war die Auflehnung gegenüber Zivilisation und Großstadt, gegenüber der Verhärtung von Schein und Dogmatismus bürgerlichen Denkens und Lebens und schließlich die Suche nach dem „Aufgehen im Endlosen", dem Sich-Verbinden mit der All-Natur durch „Wandern", Lagern im Wald.

Jugend wurde im 20. Jahrhundert als *Gegenkraft* gesehen. Andererseits wurde sie aber auch von den politischen Parteien und schließlich selbst vom Nationalsozialismus verwendet, „eingesetzt". Aber das Ziel – und das scheint mir für das vergleichende Verständnis der Studentenbewegung der 60er Jahre und frühen 70er Jahre wichtig – das Ziel der Jugendbewegung zu Beginn des Jahrhunderts war, eine *eigene Jugendkultur* aufzubauen. Damit sollte beides erreicht werden, eine neue Form der Jugend und eine neue Gestalt der „Kultur". Auf dem Umweg pädagogischer Ideen sollte eine eigene Welt, eine jugendspezifische Welt als Teilkultur entstehen, die ein neues Leben – ein „echtes" (nicht-entfremdetes) Dasein ermöglichen sollte.

Demgegenüber hat sich die *Studentenbewegung der 60er Jahre* als eine Jugend der gesellschaftlichen Reform oder gesellschaftlich revolutionären Veränderung begriffen. Es ist wichtig, daß wir diese Unterscheidung treffen und sehen, daß die Studentenbewegung der 60er Jahre nicht auf eine eigene Jugendkultur gerichtet war, sondern auf Mitbestimmung, Mitgestaltung und politische Emanzipation der ganzen Gesellschaft. Kunst und Kultur sollten zu politischer Revolution verwendet werden, politisch zur Wirkung kommen. Wurde doch selbst Sexualität für politische Selbstbefreiung als Mittel zum Zweck gesehen. Sogar das Persönlichste sollte dem Politischen dienstbar gemacht werden. Die persönliche Veränderung hätte der Beeinflussung und Revolutionierung der bestehenden Institutionen zu dienen. Die außerparlamentarische Opposition hatte das Ziel, die politischen Institutionen im System zu verändern. Man wollte nicht immer außerparlamentarisch bzw. außerhalb des Rahmens des Systems bleiben, sondern von außen ins System – dieses verändernd – „hinein" kommen. Im Unterschied zur Jugendbewegung hat die Studentenbewegung nicht die Jugendlichkeit und Jugendgemäßheit, sondern die gesellschaftliche Strukturveränderung zum Programm erhoben.

Bei den vielfältigen Strömungen der neuen alternativen Denk- und Handlungsweisen in der Jugend der 80er Jahre haben wir es im Unterschied zum Bewußtsein und der Aktionsweise der Studentenbewegung nicht mit dem Versuch zu tun, die bestehenden Institutionen als solche zu verändern, sondern Denk- und Handlungsversuche gesellschaftlicher Alternativen zu stützen. Anders als in der Studentenbewegung geht es in den 80er Jahren um die Verbreitung der Einsicht in die Bedrohtheit des Gesamtgeflechts von Humanität und Natur. Die gegenwärtig in alternativen Kategorien denkenden und handelnden jungen Menschen können sich auf bereits eingerichtete alternative Lebensformen oder Denkweisen stützen.[53]

Der Protest der Generationen der Studentenrevolte war stark *bildungsgebunden* und studentenspezifisch. Dieser Protest ist in den 80er Jahren in die breiten Schichten hinausgedrungen. Die starke Differenziertheit von Arbeiterjugend auf der einen und Bildungsjugend auf der anderen Seite gibt es nicht mehr; mit dieser Polarisierung kann man heute nicht mehr Jugend zureichend verstehen. Zersplitterung in den verschiedensten Hinsichten ist typisch für das Bild der Gegenwartsjugend.

3.1 Jugend und Gesellschaft im Verhältnis zu neuen Werten

Jugend greift neue Werte auf, bestätigt sie, nimmt sie an, sucht sie durchzusetzen. Das trägt zum gesellschaftlichen Wertwandel bei. In Begriffen und Erklärungen der empirischen Sozialforschung heißt Wertwandel, daß Jugendliche oder jung-erwachsene Gruppen neu sichtbar gewordene Werte leichter als lebbar ansehen, also häufiger und mit mehr Intensität (als ältere Generationen dies tun) diese Werte „realisieren". Wenn man die Jugendlichen und jungen Erwachsenen mit der Generation ihrer Eltern vergleicht, so stehen bei den Jungen mehr politische Mitbestimmung, völlig uneingeschränkte Redefreiheit, Umweltschutz, mehr Hilfsbereitschaft usw. programmatisch im Vordergrund, während die Älteren eher Wirtschaftswachstum, Aufrechterhaltung der Ordnung, Inflationsbekämpfung usw. betonen.

Die neuen, in Kultur und Politik auftretenden Werte werden von den jüngeren Generationen unterstützt. Jugend ist insofern als Faktor sozialen Wandels zu sehen, als sie die Masse der „early adopters" stellt. Die Jungen sind diejenigen, die zwar Ideen nicht schaffen, die aber in höherem Maße und schneller bereit sind, die neuen Ideen aufzunehmen und sie lebbar zu machen. Jugend ist Faktor sozialen Wandels insofern, als sie zum Verstärker von grundlegend neuen Ideen und Sensibilitäten wird. Ideen sind als solche wenig altersgebunden. Die Versuche zu ihrer sozialen Durchsetzung und zu ihrem Lebbarmachen werden jedoch vor allem von den jüngeren Kohorten unternommen. Was Friedrich Tenbruck schon vor etwa 20 Jahren als „Sozialisation in eigener Regie"[54] bezeichnete, breitet sich aus. Uwe Schlicht zeigt, daß der Gleichaltrigen-Einfluß in den letzten 15 Jahren zugenommen hat.[55] Der Gleichaltrigen-Einfluß ist das soziale Feld der Verstärkung in der Übernahme neuer Lebensformen.

Jugend sucht heute nicht nur neue Werte, sondern neue Sozialformen und neue politische Lösungsformen. Aus österreichischen Untersuchungen läßt sich zeigen, daß junge Erwachsene (diese noch stärker als die Jugendlichen) gegenüber den älteren Generationen der Meinung sind, daß kleine Gruppen in der Politik stärker durchsetzungsfähig sind als die großen Parteien.[56] Das sind Überzeugungen, Hoffnungen und Erwartungen, die man in den letzten Jahren durch Sozialforschung findet.

3.2 Kulturwandel und Generationenbildung

Worin liegt die Bereitschaft und Fähigkeit von Jugend zur gesellschaftlichen Transformation? Dazu muß man den aus dem Ausbau des Schulsystems folgenden Sprachgewinn untersuchen. Unsere Studien zeigen, daß die sprachliche Artikulationsfähigkeit im politischen Bereich stark mit

Protestbereitschaft gekoppelt ist. Auch hier finden wir eine Wirkung, bei der man nicht genau die Ursache feststellen kann. Es handelt sich um Kreislaufprozesse: Wer aktiver ist, sucht sich seine eigene Sprache, und wer eine eigene Sprache hat, ist auch imstande, mit Hilfe dieser Sprache aktiver zu werden. Durch die Massen-Universitätsbildung ergab sich eine starke Verflechtung von Kultur, Naturbewußtsein und Politik, wie sie selbst die Studentenrevolte nicht leistete. Politik und Großparteien leitet ein Vorverständnis, Natur zu opfern. Dieses Naturopfer untergräbt aber wichtige emotionale und ästhetische Elemente der Harmonie des Menschen mit sich selbst. Das Bewußtsein von Zerstörung und (Kultur-)Krise erreicht den Menschen in seiner frühesten Jugend. Der Protest dagegen tritt in der Jugend auf: Bis zu 50 % wählen die Studenten mancher Universitäten grün bzw. alternativ, die außeruniversitäre Jugend bis 20 %. Aber in zunehmendem Maße werden auch ältere Kohorten diese Wertveränderung mitmachen, vielleicht sogar mittragen.

Die Familie hat für Jugendliche kaum mehr als nackte Emotionalität anzubieten, wenn nicht Voraussetzungen bewußter Traditionen und besonderer Bemühung der Eltern um Selbstgestaltung vorliegen. Insgesamt ist der Aufwand für die Familie als ein soziales Subsystem fast nicht zu bieten: er überfordert. Vielen Forschungsbefunden zufolge bestehen in den Familien weiterhin starke Bindungen. Aber je höher die Bildung, desto eher kann man als Sohn oder Tochter völlig anderer politischer oder moralischer Auffassung als der Vater sein, und man verträgt sich doch mit ihm. Bei aufrechterhaltenden Bindungen können beträchtliche Ideologiedifferenzen zwischen den Generationen in der Familie vorkommen, vielleicht eben deswegen, weil man sich kaum etwas anderes als „Gefühle“ mitzuteilen hat.

Unsere Gesellschaft bietet dem Jugendlichen eine pluri-zentrische Sozialisation an. Die Familie ist nur eines von mehreren Zentren; sie ist nicht mehr fest mit der Kirche verbunden, oder einem Netzwerk von verbindlichen Normen, wie das in der bürgerlichen katholischen oder protestantischen Welt der Fall war. Trotz des Fortbestandes von

Bindungsintensität von Eltern und Kindern finden wir gleichzeitig eine kulturelle Entleerung der Gehalte familiärer Sozialisation. *Inhalte* gewinnt man durchs Fernsehen und durch die Subkultur von Zeitschriften, durch Reisen und Erlebnis-Fahrten. Die Überzahl der interessierenden Informationen kommt nicht von den Eltern. Wenn man von „Jugendwahn" oder wahnhaften Vorstellungen von Jugendlichen sprechen will, müßte man die gesellschaftliche Produktion dieser Vorstellungen untersuchen und darstellen. Nicht die Jugend produziert den ihr allenfalls zugeschriebenen Wahn.

4. *Die sich wandelnde und wankende Stellung der Alten in der europäischen Neuzeit*

Jüdisch-christliches Erneuerungsdenken erzeugte eine wichtige ideologische Bahnung für die Idealisierung von Jugendlichkeit in der europäischen Geschichte. Die zunehmende *Zentralisierung* von gesellschaftlicher Verwaltung und Macht, einerseits durch die Kirche, anderseits durch die Herausentwicklung moderner Staatlichkeit und Zweckrationalität seit dem Ende des Mittelalters, hat mannigfache Auswirkungen auf die Stellung der Alten nach sich gezogen. Aus den neuen Herrschaftsstrukturen, welche die Macht der Clans einschränkten, ergab sich auch ein Konzept der *Pflege als Funktion der Herrschaft.*

Schon im Mittelalter waren es die sich abzeichnenden überregionalen, z. T. auch die kommunalen Herrschaftsstrukturen gewesen, welche die Pflege der Hilflosen, zu denen die Alten gehörten, als Aufgabe der Gemeinschaft ansahen. Die Kirche reagierte, in Auslegung der frühen Gemeindepastoral der paulinischen Briefe. Die Alten spielten für die christliche Pastoral die Rolle verehrungswürdiger und kontrollbedürftiger Objekte. Nicht als Handlungsträger oder Träger von Beratungspositionen traten sie in der kirchlichen Lehre und Praxis in den Vordergrund.[57]

Es läßt sich allerdings keine eindeutige historische Linie in der Altenposition vom Mittelalter bis zur Industrialisierung aufzeigen. Im Gegenteil: *Schwankungen in der Posi-*

tion und Bewertung der *Alten* sind in verschiedener Hinsicht nachzuweisen. Die neuesten historischen Forschungen haben ergeben, daß die Position der Älteren auf eine Verschiedenheit von Komponenten zurückzuführen ist.[58] Diese Komponenten verursachen nicht notwendigerweise in der gleichen Entwicklungsgeschwindigkeit Veränderungen. Eine Verbesserung der Position der Älteren auf einem Sektor konnte ohne weiteres mit einem Herabgleiten bzw. einer Rückbildung auf einem anderen Sektor verbunden sein.

Vor allem die *Hoch*betagten wurden als gleichsam außerhalb der gesellschaftlichen Regeln betrachtet. Sie galten einerseits als besonders stützungswürdig, andererseits aber auch als kontrollbedürftig. Zwar waren sie abgehoben und verehrungswert, aber doch gesellschaftlich abgeblaßt und überall dort uninteressant geworden, wo sie nicht besondere Machtpositionen innehatten und z.B. über verheißungsvolle Vererbungsmöglichkeiten verfügten. Den Älteren wurde weder Sexualität noch Leidenschaft, noch besondere „Lebendigkeit" zugebilligt, sie wurden vielmehr in die Ecke der grauen „Weisheit" gedrängt. Wo und wann sie diese verließen – z.B. in Liebesangelegenheiten –, drohte ihnen die Lächerlichkeit.

Die westliche Zivilisation hat schon vor der *Industrialisierung* und dem Einbruch der Technik als massenhafter Lebensgestaltung eine *entscheidende Abwertung des älteren und alten Menschen* durchgeführt.

Aufklärung versuchte durch die Pflege von Gesundheit und die programmatische Tendenz der „Vorausschau im Leben" erste Grundlagen einer Verbesserung der Situation des alten Menschen zu schaffen. Der Arzt Van Swieten[59] und andere Mediziner des 18. Jahrhunderts bezeugen diese Tendenzen des auf Selbstbefreiung, Unabhängigkeit und Selbstgestaltung gerichteten Lebens. Tätigkeit und Unabhängigkeit sollen bis ins hohe Alter erstreckt werden. Eine eigentliche Aufwertung des Alters ist dadurch höchstens indirekt, durch seine Angleichung an frühere Phasen erfolgt.

Mit der Industrialisierung in der Wirtschaft und der Politisierung der Sozialproblematik hat sich zumindest die öffentliche Anerkennung der Stützungsbedürftigkeit der Alten und Ältesten über den kirchlich-religiösen Bereich hinaus gesellschaftlich durchgesetzt. Je nach Ländern und lokalen Traditionen verschieden, sind Hilfsmittel zur Sicherung von Gesundheit und ökonomischer Minimalfundierung wirksam geworden. Eine Verbesserung des Status und der sozialen Geltung der Älteren ist auch dadurch nicht entstanden.

Von hier aus stellt sich die Frage, ob der Grundgedanke der Sterilität des Alters durch die Bildungsgesellschaft und die Lerngesellschaft überwunden werden kann. „Toute société tend à vivre, à survivre; elle exalte la vigueur, la fécondité, liées à la jeunesse; elle redoute l'usure et la stérilité de la vieillesse."[60]

Auf manchen Gebieten der Produktion, so in der Informationstechnologie, der Medizintechnik, aber auch an vielen Geräten, die das „tägliche Leben" erleichtern, sind hohe Informationsgeschwindigkeiten festzustellen; der Tendenz nach entwerten sie traditionelles Wissen. Nur wer ständig umlernt, kommt mit. Unwissen, die Unfähigkeit, mit im Wandel des Manipuliervermögens weiterzuschwimmen, läßt „veralten". Dazu kommt: „Glattheit" (als Leichtigkeit, Mühelosigkeit und auch Faltenlosigkeit) ist ein lebensbegleitendes Ideal geworden.

In der durch Prozesse der Selbstzerstörung und Folgen der Zerstörung beschädigten Welt, wie um sie zu vertuschen, wird das Idol eines quasi unbeschädigten Jungen vorgegaukelt. Das geschieht durch Werbung, Konsumwelt, die über die Medien zum Alltagswertsystem vermittelt wird. Dabei sind wir einem mit vielen Mitteln verfahrenden Verschleiern ausgesetzt.

5. Und Altenpositionen im 21. Jahrhundert?

Die „Zukunft des Alterns" wird für die späten Lebensjahrzehnte Verselbständigung, oft durch Singularisierung (vgl. S. 48), mit sich bringen. Aus dieser Verselbständigung heraus können auch individuelle kulturelle Wahl und psychologische Aneignung von Symbolen und Lerngehalten erfolgen. Das wird vermutlich zu einer Verlebendigung später Lebensphasen beitragen.

Betonungen von kleinräumigen Sozialverhältnissen[61] könnten sich günstig auf die gruppenhafte Neukonstituierung von Interessen und Aktivitäten Älterer auswirken. So könnten Masseninformation und Suggestion eher auf *begleitenden* Charakter reduziert werden, wären nicht mehr so zentral bestimmend.

Im ideologisch-religiösen Bereich dürfte sich die Tendenz zu religiösem Synkretismus, d.h. z.B. zur Übernahme von fernöstlichen Elementen in die europäischen Religionstraditionen des Christentums ausbreiten. Die Verschmelzung von religiösen Komponenten könnte sich auf das Ideal eines durchgestalteten langen Lebens einschließlich eines meditativen Selbstbezugs auswirken, woraus Aktivierung auf höherer Ebene entsteht und zu innerer Aufmerksamkeit führt.

Zusammenschau, Integration von Elementen bedarf der Zeit und einer gewissen Souveränität. Also könnte älteren Menschen in der religiösen Orientierungskrise eine bedeutende Funktion zukommen, wenn sie sich nicht doktrinär und dogmatisch verschanzen. Wo eine solche Aktivierung durch Zugang zur Geistigkeit sich Bahn bricht, könnten Selbstgestaltung und bewußte Lebensführung exemplarisch ein „sichtbar erfülltes Alter" abbilden. Mit Zivilcourage vorgenommene Bearbeitung der Vergangenheit und modellhafter Mut wären Mittel, einer seit dem Einsetzen der Hochkultur entstandenen Abwertung des höheren Alters gegenzusteuern. Verschiedene Anzeichen dieser Gegenentwicklung sind bereits in der Altenbildung, aber auch in der Selbstorganisation von Gruppen Älterer und Alter sichtbar. Sie artikulieren sich auch in den Versuchen von Großorganisationen, Alteninteressen politisch abzubilden und zu repräsentieren. Wo sich eine Erhöhung der Bereitschaft zeigt, Vergangenes wahrzunehmen und sich damit auseinanderzusetzen, und sei es z.T. auch nur aus schon vorweg präparierter Neugier, z.B. „Nostalgie", „Antiquitätenwert" usw., könnte der Wert alter Menschen als Zeugen früherer Zeit steigen. Durch Psychoanalyse, vergleichende Sozialforschung werden ja auch die neuen

Formen der gesellschaftlichen Selbstbespiegelung zunehmen, und z.T. ist diese Entwicklung in der Öffentlichkeit der Medien schon im Gange. Die Alterspolarisierung der Gesellschaft wird da eine wichtige Achse der Interpretation werden können.

Für das 21. Jahrhundert kann, unter evolutionärer Perspektive, ein *Veränderungsprozeß zur Neuaufwertung der Altenposition* angenommen werden. Eine wirklich durchgreifende gesellschaftliche Macht der Alten (wie in den Kulturformen vor der Hochkultur) wird sich hingegen kaum herausbilden. Über das höhere Bewußtsein der Subjekte, ihrer erneuten Sozialisations- und Solidarisierungsfähigkeit auch im späteren und spätesten Alter, erwarte ich eine *auf grundsätzlicher Egalität der Lebensalter aufbauende neue Bewahrungsfähigkeit und Beratungskapazität* der Alten.

Eine wenn auch nur partielle, aber doch deutlich fühlbare Umkehr der über Jahrtausende hinweg eingeschliffenen Abwertung von Alter wäre so denkbar. Allerdings wird eine Rückanpassung der Älteren an den gesellschaftlichen „mainstream", z.B. hinsichtlich der Aktivierungsfähigkeit, der Bewegungsfähigkeit, der inneren Umstellung, des Umlernens, des Umgehens mit der aktuellen Situation, Voraussetzung für diese Umkehr sein müssen. Nicht eine Rückkehr oder ein Rückfall in einen Traditionalismus, sondern ein Eingreifen in die Wandlungs- und Lerngesellschaft aufgrund der besonderen, spezifischen, persönlich erworbenen Qualität von Älteren könnte für die postmoderne Gesellschaft die Aufwertung des späten Lebens bewirken.

Für das zentrale Phänomen des Alterns in 50 Jahren halte ich einerseits die langsam voranschreitende *Verlängerung* der Lebens-Phase und Verbesserung der Grundbefindlichkeiten der Jungalten (bzw. der Längererstreckung eines mittleren Erwachsenen-Alters) und zum anderen die *Erweiterung der individuellen Handlungsspielräume. Die entscheidende gesellschaftlich-kulturelle Veränderung im „Altersleben" wird nach meiner Auffassung in der Steigerung der Freiheitsräume der Subjekte liegen. Was immer an gesellschaftlicher Modellbildung oder als Beitrag zur Kultur sich wird herausbilden können, es wird über den Ausbau der Freiheitswelten handlungsfähiger Individuen sich durchsetzen.* Allerdings werden auch signifikante, quantitativ und qualitativ wichtige kleine Minderheiten *sehr* abhängiger Hochbetagter, die großen medizinischen Aufwand und viel menschliche Zuwendung einfordern, eine Rolle spielen.

Die Stellung der Älteren wird keine einheitliche sein können. Weiterhin werden Gesundheit, Bildung, Kompetenz, einschließlich der sozialen Kompetenz, aber auch die Deutungskapazitäten eigenen und geschichtlichen Lebens die Probleme stark auffächern. Ferner bleibt abzuwarten, welche Pensionsgrenzen und -formen sich herausbilden werden. Ich erwarte mehr Flexibilität und Selbstbestimmung. Im Ausscheiden aus dem Beruf dürfte die Differenzierung zwischen Jung-Alten, Alt-Alten und sehr Hilfsbedürftigen weiterhin zunehmen, wodurch das höhere Alter sozial sehr vielschichtig sein wird.

Letztlich hängt es auch sehr von den Werten ab, welche die Gesellschaft historisierender Selbstfindung zubilligt, wie die Alten eingeschätzt werden. Die Betonung des Nicht-Nützlichen, der reflexiven und meditativen „philosophischen" Haltungen dürfte, sofern sie gesellschaftlich stärker werden, die Positionen der Älteren und Alten aufwerten. Der Prozeß, in dem durch Gruppen und Verbände ältere Menschen sich selbst organisieren, wird statushebend wirken. Vor allem wird das neue Selbstgefühl Älterer, das nicht ohne gesellschaftliche Beeinflussung und Stützung entsteht, aber trotzdem Eigendynamik entfaltet, die Altenpositionen in der ersten Hälfte des 21. Jahrhunderts nachhaltig prägen.

Für die Zukunft des Alters im 21. Jahrhundert wird vielleicht eine bedingte Aussage gewagt werden können: Die Suche nach der inneren *Akzeptanz von Alter und Tod* – wobei ich beide nicht nur in einem Atemzug nennen, sondern auch als getrennte Aufgaben des Menschen sehen möchte – müßte eine *innere Bemühung um Erneuerungsfähigkeit* einschließen. Diese Erneuerungsfähigkeit enthält aber auch eine Zustimmung zur Jugendlichkeit, der eigenen und der Jugendlichkeit in anderen Menschen. Wird das eigene Alter akzeptiert, und werden gleichzeitig Veränderungsfähigkeit und Jugendlichkeit bejaht, dürften die Chancen von Entwicklung und Erfüllung im späten Leben zunehmen.

Anmerkungen:

1 Vgl. Leopold Rosenmayr, Die späte Freiheit. Das Alter – ein Stück bewußt gelebten Lebens, Berlin 1983, und: Älterwerden als Erlebnis, Wien 1988.

2 Vgl. James F. Fries und Lawrence M. Crapo, Vitaly and aging: implications of the rectangular curve. San Francisco 1982.

3 Vgl. Hans Viefhues, Sozialmedizinische Aspekte des Alters. Beitrag zur XVI. Jahrestagung der DGG, Travemünde, 18.–20. 9. 1986.

4 Vgl. James E. Birren, The Process of Aging: Growing Up and Growing Old, in: A. Pifer und L. Bronte (Hrsg.), Our Aging Society, New York 1986, S. 263–282.

5 Die genauen demographischen Indices für die BRD lauten:

Mittl. Alter der Bevölkerung				*Lebenserwartung*				
					bei der Geburt		im Alter von 60	
	männl.	weibl.	zusam.		männl.	weibl.	männl.	weibl.
1871	27.03	27.64	27.34	1871–81	35.58	38.45	12.11	12.71
1950	33.60	35.69	34.71	1949–50	64.56	68.48	16.20	17.46
1961	34.21	37.60	36.01	1960–62	66.86	72.39	15.49	18.46
1971	34.02	38.29	36.25	1970–72	67.41	73.83	15.31	19.12
1984	36.67	41.21	39.04	1983–85	71.18	77.79	16.92	21.36
2030	47.0	50.0	48.5					

Quelle: Gerhard Heilig, Wolfgang Lutz und Douglas Wolf, Aging and the Family, in: Population Network Newsletter, 11, 1987, S. 5.

6 Vgl. Ursula Lehr, Die Frau in der zweiten Lebenshälfte, in: A. Rauscher (Hrsg.), Die Frau in Gesellschaft und Kirche, Berlin 1986.

7 Vgl. Gustav Feichtinger, Altersstrukturen, Lebenserwartung und Familienzyklus, in: Leopold Rosenmayr (Hrsg.), Die menschlichen Lebensalter, München 1978, S. 146ff.

8 Vgl. Leopold Rosenmayr, Die späte Freiheit, a.a.O., S. 324ff.

9 Vgl. Leopold Rosenmayr, Kindheit und Alter im gesellschaftlichen Wechselbezug, in: Zeitschrift für Sozialisationsforschung und Erziehungssoziologie, 7, 1987, S. 132–147.

10 Vgl. Leopold Rosenmayr, Changing Values and Positions of Aging in Western Culture, in: J. E. Birren und K. W. Schaie (Hrsg.), Handbook of the Psychology of Aging, New York 1985, S. 204ff.; Leopold Rosenmayr und Gerhard Majce, Die soziale Benachteili-

gung, in: L. u. H. Rosenmayr, Der alte Mensch in der Gesellschaft, Reinbek 1978, S. 231–260;

Leopold Rosenmayr, Über das vielschichtige spätere Leben, in: Aktion Gemeinsinn (Hrsg.), Das neue Alter – Wie wollen wir morgen älter werden?, Bonn 1987, S. 52.

11 Empfänger von laufender Hilfe zum Lebensunterhalt waren 1984 2,2 % aller über 60jährigen und 3,2 % aller über 75jährigen; Empfänger von Hilfe in besonderen Lebenslagen waren 1984 3,1 % aller über 60jährigen und 6,2 % aller über 75jährigen. Wirtschaft und Statistik, 2, 1986, S. 183.

12 Vgl. Leopold Rosenmayr, Über Familie in den Strukturumbrüchen heute, in: Archiv für Wissenschaft und Praxis der sozialen Arbeit, 2–4, 1986, S. 62 f.

13 In Österreich entwickelte sich z. B. die Gesamtscheidungsrate (in %) wie folgt:

1961	13,8
1971	17,7
1976	20,8
1981	26,5
1985	30,8;

Quelle: Statistisches Handbuch für die Republik Österreich, Wien 1986, S. 53.

14 In der BRD nahm zwischen 1978 und 1985 die Zahl der Einpersonenhaushalte der unter 60jährigen um 10 %, die der über 60jährigen um 17 % zu. Quelle: Deutsches Zentrum für Altersfragen, Basisdaten älterer Menschen, Berlin 1985.

15 Vgl. Leopold Rosenmayr, Die späte Freiheit, a.a.O.

16 Vgl. Leopold Rosenmayr, Lebensalter und Kultur, in: Ch. Conrad und H. J. v. Kondratowitz (Hrsg.), Gerontologie und Sozialgeschichte, Berlin 1983, S. 35–57.

17 Vgl. Bernice L. Neugarten und Dail A. Neugarten, Changing Meanings of Age in the Aging Society, in: A. Pifer und L. Bronte (Hrsg.), Our Aging Society, New York/London 1986, S. 33–52.

18 Vgl. Leopold Rosenmayr, Schwerpunkte der Soziologie des Alters (Gerosoziologie), in: R. König (Hrsg.), Handbuch der empirischen Sozialforschung, Band 7: Familie/Alter, Stuttgart 1976, S. 218–406.

19 S. Elaine Cumming und William E. Henry, Growing Old. A View in Depth of the Social und Psychological Process in Aging, New York 1961.

20 S. Ursula Lehr, Psychologie des Alterns, Heidelberg 1977 (3. Auflage).

21 Vgl. Hans Thomae, Alternsstile und Altersschicksale, Bern 1983.

22 S. Lothar Zotz, Ein altsteinzeitliches Idol des Zweigeschlechterwesens, in: Forschungen und Fortschritte, Jg. 25, Nr. 11–12, Berlin 1949, S. 121–123;

Lothar Zotz, Zwei inhaltsgleiche sexual-mysteriöse Bilder aus dem französischen Magdalénien, in: Quartär. Jahrbuch für Erforschung

des Eiszeitalters und seiner Kulturen, Band 15/16, Berlin 1964/65, S. 173–175;
Leopold Rosenmayr, 2. Studienbehelf zur Vorlesung „Familie und Sexualität", Wien, Sommersemester 1973, S. 8 ff.

23 Aufgestellt im Metropolitan Museum of Art, New York, „Egyptian-Antiquities: Statuettes (pair): representing an official of King Senwreoset I in his youth, nude, wearing short wig; and in his old age with hair close-cropped and wearing panelled kilt. Wood: H. 16½"; H. 18½"."

24 Vgl. Heraklit, Fragmente 93, 95, 96, in: Die Vorsokratiker, Auswahl der Fragmente, übersetzt und erläutert von Jaap Mansfeld, Stuttgart 1987, S. 273.

25 Arthur Schnitzler, Casanovas Heimfahrt, in: Arthur Schnitzler, Das erzählerische Werk, Band 5, Frankfurt/M. 1978, S. 111. In einem anderen Zusammenhang hat Schnitzler die Überwindung des Alters aus der Konfliktsituation heraus auch formuliert: „Wie er mir gegenübergestanden ist mit seinem frechen, jungen Blick, da hab' ich's gewußt ... er oder ich." (Friedrich Hofreiter im 5. Akt von „Das weite Land", in: Arthur Schnitzler, Das dramatische Werk, Band 6, Frankfurt/M. 1979, S. 108.)

26 Arthur Schnitzler, a.a.O., S. 234.

27 Michelangelo Buonarroti, Übertragung von R. M. Rilke, Frankfurt/M. 1975, S. 223.

„Des Todes sicher, nicht der Stunde, wann,
Das Leben kurz, und wenig komm ich weiter;
den Sinnen zwar scheint diese Wohnung heiter,
der Seele nicht, sie bitte mich: stirb an.

Die Welt ist blind, auch Beispiel kam empor,
dem bessere Gebräuche unterlagen;
das Licht verlosch und mit ihm alles Wagen;
das Falsche frohlockt, Wahrheit dringt nicht vor.

Ach, wann, Herr, giebst du das, was die erhoffen,
die dir vertraun? Mehr Zögern ist verderblich,
es knickt die Hoffnung, macht die Seele sterblich.

Was hast du ihnen soviel Licht verheißen,
wenn doch der Tod kommt, um sie hinzureißen,
in jenem Stand, in dem er sie betroffen."

28 Erste Auswertungsergebnisse einer Studie von Gerhard Majce über die „neuen Alten" und den Generationenkonflikt in Wien im April 1987.

29 Vgl. Ursula Lehr, Auf dem Weg zur Fünf-Generationen-Gesellschaft, in: R. Muth, M. Halbhuber und L. Auinger (Hrsg.), Das Alter aus der Sicht der Wissenschaft, Innsbruck 1985, S. 31–64.

30 Vgl. Josef Hörl, Betreuungserfahrungen und Sozialbeziehungen älterer Menschen, in: Zeitschrift für Gerontologie, 19, S. 351 f.

31 Vgl. Leopold Rosenmayr, Familienbeziehungen und Freizeitgewohnheiten jugendlicher Arbeiter, Wien 1963;

Leopold Rosenmayr, Jugend, in: R. König (Hrsg.), Handbuch der empirischen Sozialforschung, Bd. 6, Stuttgart 1976.

32 Vgl. Leopold Rosenmayr, Über das vielschichtige spätere Leben ..., a.a.O., S. 70f.

33 S. Immanuel Kant, Kritik der reinen Vernunft. Werkausgabe III, Frankfurt/M. 1977 (e. Aufl.), S. 78ff.

34 Walther von der Vogelweide, in: Werner Höver und Eva Kiepe (Hrsg.), Gedichte von den Anfängen bis 1300, München 1978, S. 134–136.

35 Peter Schellenbaum, Abschied von der Selbstzerstörung: Befreiung der Lebensenergie, Stuttgart 1987, S. 136.

36 Nach einer persönlichen Mitteilung.

37 Vgl. Norbert Elias, Über die Einsamkeit der Sterbenden, Frankfurt/M. 1982 (englisch: The Loneliness of the Dying, Oxford 1985).

38 Vgl. z. B. Viktor E. Frankl. Der Wille zum Sinn, Bern/Stuttgart/Wien 1972.

39 Vgl. Christian Vogel, Primatenforschung – Beiträge zum Selbstverständnis des Menschen, Göttingen 1977.

40 Vgl. Henri-Iréné Marrou, Geschichte der Erziehung im klassischen Altertum, Freiburg 1957.

41 Num. 1, 16–17 und Num. 11, 25

42 Siehe dazu auch Georges Minois, Histoire de la vieillesse en Occident de l'antiquité à la renaissance, Paris 1987.

43 Luk. 11, 28

44 Joh. 3, 8

45 Eph. 4, 24

46 Regula Benedicti 3, Kap. 3

47 Meister Eckhart, DW 2, S. 304.

48 Meister Eckhart, DW 1, S. 34.

49 S. Jean-Jacques Rousseau, Emile oder Über die Erziehung, Stuttgart 1963.

50 Vgl. Margaret Mead, The Young Adult, in: Eli Ginzberg (Hrsg.), Values and Ideals of American Youth, New York/London 1961 („... as if a period in which heights of aspirations and depths of despair can both be experienced without final economic, social or personal psychological consequences“).

51 S. Friedrich Hölderlin, Sämtliche Werke (hrsg. von Friedrich Beißner), Band 3, Hyperion, Stuttgart 1957.

52 S. Friedrich Hölderlin, a.a.O.: „Oft sagt ichs Euch: es würde Nacht und Kalt auf Erden und in Not verzehrte sich die Seele, sendeten zuzeiten nicht die guten Götter solche Jünglinge, der Menschen welkend Leben zu erfrischen.“

53 Vgl. Leopold Rosenmayr (Hrsg.), Politische Beteiligung und Wertwandel in Österreich. Einstellung zu Politik und Demokratieverständnis im internationalen Vergleich (mit Beiträgen von Anselm Eder, Inga Findl, Kathleen Stoffl, Elfi Urbas), München/Wien 1980.

54 Friedrich H. Tenbruck, Jugend und Gesellschaft. Soziologische Perspektiven, Freiburg 1962, S. 92.

55 Vgl. Uwe Schlicht, Vom Burschenschaftler bis zum Sponti, Berlin 1980.

56 Vgl. Leopold Rosenmayr (Hrsg.), Politische Beteiligung ..., a.a.O., S. 301 ff.

57 Vgl. Rolf Sprandel, Das Verhalten gegenüber alten Leuten. Die Geschichte der Exegese eines Paulus-Textes im Mittelalter, in: Saeculum, 4, 1979, S. 365–373.

58 S. Georges Minois, Histoire de la Vieillesse en Occident de l'Antiquité à la Renaissance, Paris 1987, S. 409.

59 Vgl. Leopold Rosenmayr, Die späte Freiheit ..., a.a.O., S. 96.

60 Vgl. Simone de Beauvoir, La Vieillesse, Paris 1970, S. 47.

61 Vgl. Leopold Kohr, Die überentwickelten Nationen, Salzburg 1983.

ERICH FRIED

Schöpferische Prozesse in Jugend und Alter

Als Kind kannte ich ein Spiel, da ging es darum, ein Wort zu erraten oder einen versteckten Gegenstand. Wenn der Suchende herumtappte, riefen die Eingeweihten ihm je nachdem zu: „Wasser, Wasser", und wenn er näherkam: „Es brandelt, es brandelt!", und wenn er endlich draufgekommen war: „Feuer, Feuer!" Sie mußten ihm zwar hilfreiche Andeutungen machen, aber ungenaue, so daß er möglichst lange herumsuchen mußte. – Ich glaube, ein Thema wie Jugendwahn und Altersangst, oder vielleicht etwas weniger wäßrig und etwas brandelnder formuliert, „Lebens(sehn)sucht und Todesangst" ist, wenn man den Zustand unserer Welt bedenkt, auch so ein freundlicher Versuch, uns zum gedanklichen Herumtappen anzuregen, aber vom Brennpunkt noch ein wenig fernzuhalten.

Jetzt bin ich aber schon selbst alt und habe vielleicht gar nicht soviel Zeit, und vielleicht hat auch unsre Welt nicht so *sehr* viel Zeit zum Herumtappen. Drum will ich mich beeilen, zum Brennpunkt zu kommen. – Nun, ich wurde eingeladen, als Dichter auch von der Haltung des schöpferischen Schriftstellers, des Dichters, zu Jugendwahn und Altersangst beziehungsweise Lebenssucht und Todesangst im Alter, zu sprechen. Das mache ich aber kurz! – Max Frisch hat mit seinen Betrachtungen über den vom Alter schon Gezeichneten und über den noch nicht ganz Gezeichneten, aber schon Vorgezeichneten, wie er es nennt, sehr viel Kluges geschrieben. Oder wer denkt nicht an Goethes Verse:

O Lieb, o Liebe, so golden schön,
Wie Morgenleuchten auf jenen Höhn!
Du segnest herrlich das frische Feld,
Im Blütenglanze die volle Welt.

O Mädchen, Mädchen, wie lieb ich dich,
Wie glänzt dein Auge, wie liebst du mich ...

Und dann sagt er zu ihr:

Wie du mir Jugend und Freud' und Mut
Zu neuen Liedern und Tänzen gibst:
Sei ewig glücklich, wie du mich liebst!

Nun, wenn da nicht etwas Jugendwahn und Lebenssucht mit im Spiele war?! – Ob, wenn wir doch den Gleichnischarakter dieser Worte erkennen, das Feld wirklich noch so frisch und die Welt wirklich noch im Blütenglanz prangte? Und ob das Mädchen ihm wirklich noch Jugend geben konnte, oder nur ihren Abglanz, und ob die Liebe dann ewig währte, das alles dürfen wir vielleicht fragen. Goethes letzte große Liebe, Ulrike, hat später gesagt: „Keine Liebschaft war es nicht."

Und dennoch habe auch ich mich noch geschmeichelt und gelegentlich um Jahrzehnte jünger gefühlt, wenn so um mein fünfundsechzigstes Jahr herum noch junge Frauen sich in mich verliebt haben, und ich habe auch die entsprechenden Verse geschrieben. Wenn man sich deshalb nicht genötigt fühlt, an seiner schon mehrere Jahrzehnte langen Liebe Verrat zu begehen, dann schadet dieses Quentchen Jugendwahn ja vielleicht weiter nichts. – Übrigens: Ich fand mich auch echter Gefühle sowohl in den alten als auch in den neuen Liebesbeziehungen noch für fähig – aber das würde hier vielleicht zu weit (oder zu nahe) führen.

Und Altersangst? Angst, daß einen alles verläßt, daß einem alle wegsterben, daß auch in einem alles erstirbt, Angst vor dem Alleinsein als Teil des Sterbens; Todesangst... Ja, unsere Zivilisation versucht das alles zu verdrängen, besonders, solange die Alten noch Geld, noch Kaufkraft haben. Dann zählt man noch lange zu den Jüngeren, die Frauen sind in USA noch mit 60 Jahren *Girls*. Dann ist es zuletzt nur verlängertes Middle Age, man ist Senior Citizen. Die alten Kinderreime wie:

„70 Jahr ein Greis,
80 Jahr schneeweiß,
90 Jahr der Kinder Spott.
100 Jahr behüt uns Gott!"

scheinen unserem so humanen Zeitalter für den wohlhabenden Senior Citizen doch viel zu brutal, obwohl in Wirklichkeit der immer raschere Wandel der Technik und (da, wie Marx gesagt hat, die Bourgeoisie nur von der ständigen Revolutionierung ihrer Produktionsweisen leben kann) auch der verschiedensten gesellschaftlichen Strukturen den alten Menschen etwas wegnimmt, was sie in früheren Zeiten mindestens zum Teil für ihr Alterselend entschädigen konnte: den Glauben der Mitbürger an ihre Erfahrung, an wertvolle Altersweisheit, der sie in den Rat der Alten, die Gerusia, den Senat brachte, – lauter Aldermänner, lauter Ältestenräte! Statt dessen fürchtet heute schon der Mittelalte zu oft, auf Ja und Nein zum alten Eisen zu gehören, nicht mehr „with it" zu sein, nicht mehr mitzuzählen. Besonders ältere Arbeiter, sogar schon bevor sie Rentner sind, versuchen oft gar nicht mehr, ihren Kindern ihre Erfahrungen weiterzugeben, auch nicht die Erfahrungen, die vielleicht wirklich noch wichtig wären, sondern sie sitzen mürrisch-resigniert vor dem Bildschirm, und so geht noch mehr Kontinuität und zum Beispiel noch mehr Arbeiterkampferfahrung verloren als ohnehin durch die eingebauten Diskontinuitätsmechanismen unserer Zivilisation.

Ich, als europäischer Schriftsteller mit Bildungsprivileg, habe mich schon seit Jahren, und besonders, seit ich vor fünf Jahren, wie so viele, an Krebs erkrankte, mit Altern und Tod, mit Altersangst und Todesangst befaßt. Dann macht man sich vielleicht weniger Illusionen, kann ehrlicher und genauer denken. Das gehört sich ja auch so, nicht wahr.

Aber es gehört sich nur, solange ich darüber nicht vergesse, daß es auf unserer Welt Millionen Menschen gibt, die gar keine Zeit haben, sich mit Jugendwahn und Altersangst zu befassen, weil sie dank der schändlichen Verteilung von Reichtum und Armut entweder schon als Kinder verhungern – was natürlich nicht heißt, daß nicht auch Alte oder Menschen in allen Altersstufen ebenfalls Hungers sterben oder an durch Unterernährung bedingten Krankheiten zugrunde gehen, wie auch bei uns alte Leute an Unterkühlung, Hypothermie im Winter sterben! – oder weil sie durch die Art, wie wir unser Zusammenleben auf Erden regeln, umgebracht werden, durch Kriege und kriegsbedingte Seuchen, durch Attentate, Putsche, Todesschwadronen, faschistische Freischärler usw. Auch der Armeniermord und Kurdenmord der Türken, der Juden- und Zigeunermord, aber auch der Kommunistenmord, der Polen- und Russenmord Hitlers gehören hierher, ebenso wie der totale Völkermord der Engländer an den Tasmaniern im 19. Jahrhundert; und vom 19. Jahrhundert bis heute der Völkermord an den Indianern, zuerst in Nordamerika, und jetzt im Amazonasbecken.

Dazu kommt die blutige Unterdrückung der Schwarzen in Südafrika, und so weiter, endlos fortsetzbar ... In all diesen Fällen wurde vielen Menschen Jugendwahn und Altersangst auf kürzestem Wege erspart.

Was hat das mit unserem Thema zu tun? Nun, ich glaube, gerade das ist der Punkt, wo man nicht mehr „Wasser, Wasser" schreien soll, und auch nicht „Es brandelt, es brandelt", sondern eben „Feuer" schreien muß oder doch sollte.

Hier wäre vielleicht auch zu erwähnen, daß nicht nur ein einzelner Mensch Erscheinungen wie Jugendwahn oder Altersangst aufweisen kann, sondern daß man in gar nicht so grundverschiedener Art von beiden auch sprechen könnte, wenn es sich um ganze Menschengruppen, um Nationen, um Gesellschaftsordnungen, ja um unsere europäische oder euro-amerikanische oder abendländliche oder auch christlich benannte Zivilisation handelt.

Auch da kommt man, obwohl natürlich direkte Schlüsse von der psychischen Verfassung einzelner Menschen auf eine ganze Zivilisation nicht ohne weiteres erlaubt sind, schwer umhin, solche Betrachtungen anzustellen.

Schon Goethe hat im Alter, vielleicht ermutigt durch das Fehlen von verfallenen Schlössern und Basalten in den Vereinigten Staaten, optimistisch verallgemeinernd gedichtet:

Amerika, du hast es besser, / als unser Europa, das alte,
Hast keine verfallenen Schlösser / und keine Basalte.
Dich plagt nicht im Innern / zu lebendiger Zeit
Unnützes Erinnern / an vergeblichen Streit.

Die Basalte kamen wahrscheinlich vor allem um des Reimes willen vor. Ich weiß nicht, ob sich die Verse von Goethe heute noch ganz so richtig anhören wie damals, aber auch hier hatten wir eindeutig den Vergleich junger mit alten Zivilisationen. Und dann fand sich in den *jungen* Vereinigten Staaten zuerst das Streben der Jungen in der Welt, für voll genommen zu werden – und später der Wahn, immer noch so herrlich jung zu sein! Und noch später empfand man in Europa Unbehagen, von den Amerikanern zwar noch kulturell geschätzt, aber als veraltet empfunden zu werden, etwa wie das alte Griechenland vom mächtig gewordenen Rom. Und zugleich trafen sich Europa und die USA in der Annahme, die Weißen oder die westlichen oder auch die christlichen Nationen hätten doch der Dritten Welt gegenüber eine *Kulturmission;* daher vielleicht sogar auch eine *Vorherrschafts-Mission*, um diese Kulturmission zu erfüllen. (Nebenbei: auch *dritte Welt* ist ein ganz unmöglicher und irreführender Sammelbegriff!)

Welche Folgen solche Annahmen und die Konstellationen, denen sie als Rechtfertigung dienen, haben können, haben wir alle mehrmals erlebt.

Man kann da historisch bis auf die Kreuzzüge zurückgehen und auf die spanische und portugiesische Eroberung Lateinamerikas, um den Umfang von Unheil und Unrecht auch nur zu ahnen.

Und in diesem Jahrhundert haben wir die Interventionskriege des christlichen und bürgerlichen Abendlandes gegen die Sowjetunion, später den großen Kreuzzug Hitlers für das Abendland – wieder ein Interventionskrieg gegen die Sowjetunion! – und nach dessen kläglichem Ende immer wieder die Kreuzzugsstimmung (zur Verschleierung ganz anderer Interessen) im *Kalten Krieg*.

Immer Kampf der guten alten, bewährten Kräfte (man frage nur nicht, *wie* sie sich bewährt haben!) gegen „neue Hirngespinste, gegen unerprobte Utopien!" Der Kampf der alten Gesellschafts- und Herrschaftsformen gegen neue, oder gar gegen die Idee der Herrschaftsfreiheit, die als Anarchie verleumdet wird, indem man sie dem Chaos gleichsetzt.

Doch darf nicht verschwiegen werden, daß auch die neuen Herrschafts- und Gesellschaftsformen, wenn sie ins Hintertreffen gerieten, nicht immun waren gegen die Verfälschung durch ihre Machthaber, die – zum Teil aufgrund ihrer eigenen altmodischen Erziehung, im Namen des Neuen furchtbar alte Verhaltenmuster zur Geltung brachten und damit das Neue und Junge in aller Welt diskreditieren halfen und ihm unendlich schadeten. Manchmal denke ich da an die alttestamentarische Legende, daß vierzig Jahre in der Wüste verbracht werden und die Alten erst sterben mußten, damit aus den Kindern und Enkeln der Sklaven freie Menschen werden konnten ... Doch dies nur nebenbei. Jedenfalls, die großen Revolutionäre, Lenin, Stalin, Mao, Chu en Lai, waren alle selbst noch von ihrer Kindheit in der alten Zeit geprägt, motiviert und beschädigt.

Auch darüber wäre lange zu sprechen. Fortschritt entsteht in der Spannung zwischen Alt und Neu, zwischen kultureller Kontinuität und notwendiger Verwerfung dessen, was vom Althergebrachten oder von dem, was aus ihm hervorging wie der Monopolkapitalismus aus dem Freien Wettbewerb, schädlich wurde.

Ursprünglich wurde mir vorgeschlagen, über Jugendwahn und Altersangst auch anhand *literarischer* Erfahrungen zu sprechen. Gestatten Sie mir deshalb, Ihnen ganz kurz von einem Plan für ein Drama zu erzählen, das ich nun wahrscheinlich nie mehr schreiben werde.

Ein alter Ministerpräsident oder Kanzler, ich dachte vielleicht an Konrad Adenauer, hat ein angeblich mustergültiges Altersheim besichtigt und hält eben eine kurze, freundlich-salbungsvolle Lobes- und Abschiedsrede. Da wird er von einem der alten Männer unterbrochen und erkennt in ihm gerührt einen ehemaligen Schulkameraden. Der aber macht dem mächtigen Freund Vorwürfe, daß er an sich selbst und an den Interessen seiner Altersklasse Verrat begehe. Überall, sagt er, warten in Wirklichkeit Jüngere schon auf seinen und seiner älteren Minister Tod, um nachrücken zu können, und spotten heimlich über seine altmodischen Ansichten. Und ein Mann seines Alters, der nicht wie er zufällig an der Macht sei, werde schon längst zum alten Eisen geworfen, wie etwa hier in diesem Altersheim. Der Kanzler läßt seinen alten Schulfreund ausreden, ist zutiefst erschüttert, macht ihn zu seinem Berater, und von da an wird bewußt von den Alten zur Niederhaltung der Jungen und ihrer „unreifen Ideen“ regiert. Die Leute mittleren Alters werden gewonnen, indem man ihnen predigt, sie müßten schon jetzt die Interessen ihrer künftigen Altersklasse vertreten. Volljährig wird man erst mit 50 Jahren, die Autorität des Alters wird unantastbar usw. – Genug von dieser Groteske.

Warum erzähle ich Ihnen davon?

Weil sich in unserer, nicht nur in Medizin und Technologie schnell wandelbaren, spätkapitalistischen Zivilisation die Verhaltensmuster der Wegwerfgesellschaft auch gegenüber unzähligen Menschen mehr und mehr durchzusetzen drohen. Wer wird noch wo angestellt, wenn er schon älter als soundsoviele Jahre ist? Wie viele Bewerber färben sich die Haare oder versuchen, sich auf andere Weise krampfhaft jünger zu stellen als sie sind? Für Frauen, auch hier deutlich benachteiligt, gilt das natürlich erst recht.

Der Schulfreund des Kanzlers im Altenheim hat aber mindestens eines ganz richtig erkannt: Solange einer an der *Macht* ist, darf er das Rentner- und Pensionierungsalter ungestraft überschreiten! So hat schon im ersten Weltkrieg der englische Dichter Siegfried Sassoon von den Alten gedichtet, die, von ihren sicheren Kommandostellen aus, Hekatomben von jungen Menschen in den Tod geschickt haben.

Man könnte sagen, für den modernen Krieg, für den Atomkrieg mit seiner alle umfassenden Vernichtung, stimme auch das nicht mehr. Gewiß, der Einwand ist richtig.

Aber wenn Marx und Engels auch richtig gesagt hatten, daß es das gesellschaftliche Sein ist, das unser Bewußtsein bestimmt, so haben doch auch sie schon geahnt, und einige ihrer Schüler, zum Beispiel auch Ernst Bloch in seinem Buch „Erbschaft dieser Zeit“, gezeigt, daß dieses gesellschaftliche Sein nicht logisch-geradlinig und vor allem oft nur mit beträchtlichen Verzögerungen das Bewußtsein verändert, auf dem Weg über Kindererziehung und Fehlerziehung vielleicht mehr als durch unmittelbare Erfahrungen des Erwachsenen; auf dem Weg über das Unbewußte gründlicher als durch aktuelle richtig ausgewertete Beobachtungen. Ich möchte hier Mario Erdheims Werk „Die gesellschaftliche Produktion von Unbewußtheit“ als wichtig erwähnen, und natürlich auch immer wieder zahlreiche Stellen in den Werken von Paul Parin.

Die alten und alternden Machthaber, selbst dann (oder besonders dann), wenn sie sich noch dank der Gnade einer späten Geburt für geradezu jung halten, Staatsmänner, Generalstäbler, Unterrichtsminister, Päpste und protestantische Evangelisten, könnten ihre Rolle oft unmöglich weiterspielen, wenn sie sich nicht in althergebrachten und veralteten Gedankengängen wiegten oder sich von ihren Beratern, die ihnen oft auch ihre Reden schreiben, diesen alten Kohl nur zu gerne vorkauen ließen, zumal dieser oft auch durch stürmischen, um nicht zu sagen stürmerischen Schwung populistische Popularität erlangen kann.

Das gilt besonders heute auch von jenen überalterten Haltungen zu Atomkrieg und atomarer Rüstung oder gar Abrüstung, die wir bei mittel- oder westeuropäischen Staatsmännern erleben müssen, staunend, sofern uns nicht schon alles Staunen vergangen ist.

Das Verhalten vieler (vorwiegend, aber nicht nur) konservativer Politiker des Westens seit den Abrüstungsvorschlägen, die wir mit dem Namen Gorbatschow verbinden, liest sich oft geradezu wie aus einem schlechten, viel zu dick aufgetragenen stalinistischen Roman! – Und doch ist es die reine – oder, besser gesagt, die sehr unreine – Wahrheit!

Im eben in England über die Bühne gegangenen Wahlkampf hat Frau Thatcher allen Ernstes erklärt, wenn Mr. Kinnocks nukleare Abrüstung, also das Programm der Labour Party, verwirklicht werde, dann müßten unsere Söhne Russisch lernen, denn dann werde die Sowjetunion England besetzen.

Und, wohlgemerkt, durch nichts hat die Labour Party so viele Stimmen verloren wie durch ihr wirklich absolut nicht radikales Abrüstungsprogramm! Ja, Mr. Kinnock war vielleicht sogar gezwungen, auf diese blödsinnige Diskussion einzugehen, und hat gesagt, England könne auch mit konventionellen Waffen verteidigt werden. In Wirklichkeit kann man sich natürlich gegen Atomwaffen weder mit Atomwaffen noch mit sogenannten konventionellen Waffen verteidigen, sondern überhaupt nicht! Denn erstens ist ein Krieg zwischen modernen hochindustrialisierten Staaten kein Krieg mehr wie alle bisherigen Kriege, und zweitens ist die Annahme, daß die Russen England oder Frankreich besetzen wollen, schwachsinnig.

Wenn Kinnock aber das so gesagt hätte, dann hätte er, soweit wir aus Meinungsumfragen wissen, fast die Hälfte seiner Wähler automatisch verloren. Oder irren wir uns und gilt die Bibelmahnung: Sei warm oder kalt, aber die Lauen werde ich ausspeien aus meinem Munde, spricht der Herr??

Auch wenn der englische Wahlkampf jetzt vorbei ist, dieses Beispiel ist für uns wichtig, denn diese Tollheit hat nicht nur Methode, sondern auch ihre sogenannten „guten" Gründe.

Auch wenn Gorbatschow keineswegs England oder Frankreich oder die Bundesrepublik besetzen will, so gehört es noch seit Urgroßväterzeiten, ja, seit es Generalstäbe überhaupt gibt, zu deren festen Aufgaben, für den Fall eines Angriffes durch jedes irgendwie mögliche andere Land, das nicht gerade ein Zwergstaat ist, Verteidigungs- und Gegenschlagspläne zu schmieden. Diese alte Tradition lebt weiter (und gerade bei den *alten* Machthabern!), obwohl sie so sinnlos geworden ist wie etwa die Planung der ärztlichen Versorgung in oder nach einem Atomkrieg.

Daß man sich, entgegen allem besseren Wissen, den

Atomkrieg aber immer noch unter dem auf ihn nicht mehr zutreffenden Begriffsbereich Krieg, Kriegstaktik, Kriegsmaßnahmen, Kriegswirtschaft, Kriegsziele usw. vorstellt, hängt wieder mit unserem Thema Altersangst zusammen, hinter der sich ja die Todesangst verbirgt. Die früh- oder spätgeborenen begnadeten Herren Staatsmänner, Generalstäbler, Innen- und Propagandaminister usw. sind ja zum großen Teil ältere Herren, oder solche, die alte Gedanken hochhalten. So auch einstmals bewährte Begriffe wie, daß Krieg die Fortsetzung der Politik des Friedens mit anderen Mitteln sei.

Diese Gedanken als Irrtum zu erkennen, hieße für sie, die bisherige eigene Denkweise aufgeben, das, wofür man stand, sich eigentlich also überlebt und sich selbst dadurch als überflüssig zu erkennen. Das wäre aber gleichbedeutend mit dem eigenen politischen Tod und vielleicht mit Existenz- und Machtverlust überhaupt. Und das ist zuviel verlangt an Verunsicherung! Namentlich, da der verunsicherte Mensch – und verunsichert sind wir in unserer Zeit und durch unsere Zeit alle! – ja dazu neigt, allem Neuen gegenüber mißtrauisch zu sein: „Bisher habe ich immer irgendwie gelebt, aber ich weiß, wenn ich es auch nicht wissen will: In Zukunft muß ich einmal sterben. Deswegen will ich eigentlich von der Zukunft und von dem, was sie Neues bringt, möglichst wenig wissen." So ungefähr sieht ein solcher Gedankengang aus. Dazu gehören Redensarten wie: „Das darf doch wohl nicht wahr sein!" Oder: „Wohin kämen wir denn da?"

Und, wohlgemerkt, das sind keineswegs nur Gedankengänge politischer Machthaber, sondern auch unendlich vieler ihrer Untertanen und Wähler. Karl Marx hat noch gehofft, in Krisen würden sich die Menschen mehr und mehr um ihre wahren Interessen scharen. Aber darin war er noch ein echter Sohn der Aufklärung und konnte als solcher gar nicht anders hoffen. Wir wissen heute mehr von Panikdenken und Regression, und wir können die Menschen für Denkfehler, die ihnen oft systematisch nahegelegt und vorgekaut wurden, nicht einmal so recht tadeln, beziehungsweise wir müssen vor allem die Vorkauer und Naheleger tadeln und entlarven, und die sind meistens auch Opfer ihrer Erziehung.

Aber ohne die (teils uneingestandene!) Angst vor Alter, Altersschwäche, Hilflosigkeit und Tod wären wir solchem falschen Denken viel weniger ausgeliefert. Ja, ohne diese selbe Angst würden manche Machthaber sich vielleicht rationaler verhalten können, besonders wenn sie jetzt, wie in der atomaren Rüstungspolitik, im Grunde auch gegen die eigenen Interessen und die ihrer Kinder arbeiten. Wenn ich sage: ohne diese Angst, dann meine ich diese zu dreiviertel uneingestandene Angst, nicht eine genau betrachtete.

Objektiv gesehen sind natürlich alle, die atomare Abrüstung und Entspannung verhindern oder auch nur verzögern, Verbrecher und Massenmörder. Wenn wir bedenken, daß in dieser Welt, in der jede Stunde Millionen Dollar auf Atomrüstung verschwendet werden, gleichzeitig alle zweieinhalb Sekunden ein Kind unter fünf Jahren durch Hunger stirbt, dann müßte jeder Staatsmann, der die atomare Abrüstung auch nur um drei Tage verzögert, als Verbrecher gegen die Menschheit ebenso gehängt werden, wie seinerzeit in Nürnberg Ribbentrop gehängt wurde; also auch Frau Thatcher, Chirac, Mitterand, ja auch ein so wenig blutdürstiger Mann wie Bundeskanzler Kohl. – Keine Angst! Ich trachte ihm und den anderen nicht wirklich nach dem Leben; nein, ich war schon zur Zeit der Nürnberger Kriegsverbrecherprozesse gegen Todesstrafe für ihre Kollegen und habe mir nur etwas wie dichterische Freiheit gestattet. Unsere Zivilisation kennt ja Reste von Freiheit, z.B. auch intellektuelle Narrenfreiheit!

Aber, im Ernst, die wahren Narren sind jene, die ihre Altersangst durch Machtausübung übertäuben wollen und die dadurch verhängnisvoll werden können. Ja, ich bin mir nicht einmal ganz sicher, ob nicht auch die widersinnige Aufrechterhaltung feststehender Feindbilder zur Altersangst in einer ähnlichen Beziehung steht wie die bekannte Wahnvorstellung vieler alter Menschen, daß man ihnen alles stehlen will, hinter der sich ihre Angst vor Hilflosigkeit und Tod versteckt.

Und vor solchen Versuchungen und Gefahren sind auch

die Opponenten der alten Machthaber und der alten Gesellschaftsordnungen, also wir alle, nie ganz sicher. Am wenigsten wenn man, wie es diese Alten und Alternden tun, am Ende der eigenen Weisheit auf die eigene Autorität pocht.

Der deutsche Dichter Richard Dehmel hat um die Jahrhundertwende gegen Ende eines Gedichtes an seinen kleinen Sohn geschrieben:

Und wenn dir einst von Sohnespflicht
Mein Sohn, dein alter Vater spricht:
Gehorch ihm nicht! Gehorch ihm nicht!

Das habe ich als Kind gelesen und nie mehr vergessen. Und das möchte ich Ihnen am Ende über die Beziehungen zwischen Jugendwahn und Alter noch mitgeben.

Ganz gefeit gegen die Verführungen durch Jugendwahn und Altersangst, besonders wenn sie sich mit Machtausübung und Machtstreben oder auch nur mit Einfluß paaren, ist man nie so leicht. Aber die Verbindung von Gesellschaftswissenschaften, Psychoanalyse, Einsicht in die eigene Lebenslage, politischer Betätigung und Phantasie (hier wieder auch die Rolle der Kunst im Kampf gegen die Entfremdung!!), diese Verbindung kann viel helfen.

ENRIQUE BLANCO CRUZ

Kulturelle Perspektiven in der Wirkung auf Jugend und Alter

Selbstverständlich erwartet man von Menschen, die eine höhere Bildung genossen haben, daß sie in etwa wissen, was Kultur ist oder Kultur bedeutet. Anders ist es jedoch bei den breiten Massen der Bevölkerung eines Landes, auch wenn es sich um ein hochzivilisiertes Land wie die Bundesrepublik Deutschland handelt. Der Durchschnittsbürger hier denkt fast ausschließlich an Kunst, Theater, Musik, Dichtung, wenn er sich zu Kultur äußern soll.

Ich war vor einigen Jahren sehr überrascht, als ich bei einer Verhandlung in einem deutschen Verwaltungsgericht den vorsitzenden Richter hörte: Bei der Auseinandersetzung hatte ich mich darüber beschwert – weil in diesem Falle negative Konsequenzen für mich zu erwarten waren –, daß in den Bulletins des Auswärtigen Amtes unter den Entwicklungsländern Spanien, mein Ursprungsland, eingetragen war. Daraufhin sagte der Richter: „Spanien ist kein Entwicklungsland, Spanien ist ein Kulturland."

Zunächst war ich mit dieser Bemerkung zufrieden, dann überlegte ich mir, daß der Richter wohl unterschieden haben muß, und zwar zwischen Entwicklungsländern und Kulturländern. Vor nicht langer Zeit war ich in einem dieser sogenannten Entwicklungsländer, in dem ich über die kulturellen Traditionen viel erfahren konnte – kulturelle Traditionen, die heute unter der Bevölkerung dieses Landes so gegenwärtig sind wie vor Hunderten von Jahren.

Diese anekdotischen Bemerkungen habe ich als Einleitung benutzt, um das Voranstellen einiger Definitionen von Kultur zu rechtfertigen, die ich jetzt zitieren möchte. Für *Malinowski* ist Kultur „offensichtlich jenes umfassende Ganze, das sich zusammensetzt aus Gebrauchs- und Verbrauchsgütern, den konstitutionellen Rechten und Pflichten der verschiedenen Bevölkerungsgruppen, aus menschlichen Ideen und Fertigkeiten, aus Glaubenssätzen und Bräuchen. Ob wir uns mit einer ganz einfachen, primitiven Kultur oder aber mit einer außerordentlich komplizierten und entwickelten befassen, immer treffen wir auf einen großen, teils materiellen, teils personellen und teils geistigen Apparat, der es dem Menschen ermöglicht, mit den besonderen konkreten Problemen, denen er sich gegenübergestellt sieht, fertigzuwerden. Diese Probleme entstammen der Tatsache, daß der Mensch einen Körper hat, der den verschiedensten organischen Bedürfnissen unterworfen ist, und daß er in einer Umwelt lebt, die sein bester Freund ist, der ihm das Rohmaterial für seiner Hände Arbeit liefert, und zugleich sein gefährlichster Gegner, denn sie birgt viele feindliche Kräfte."

Kultur geht also von biologischen Fakten aus, denn der Mensch gehört zu einer Gattung des Tierreiches. Der einzelne muß am Leben bleiben, die Rasse muß erhalten werden und der Organismus muß im funktionierenden Zustand sein. Um die unmittelbaren Bedürfnisse wie Ernährung, Reproduktion und Hygiene zu befriedigen, schafft sich der Mensch eine neue oder artifizielle Umwelt. *Malinowski* sagt: „Diese Umwelt, die nicht mehr und nicht weniger darstellt, als die Kultur selber, muß beständig reproduziert, erhalten und gehandhabt werden. Das erzeugt etwas, das im allgemeinsten Sinn mit dem Begriff eines neuen Lebensstandards bezeichnet werden mag, der von dem Kulturniveau der Gemeinschaft, ihrer Umwelt und der Tüchtigkeit der Gruppe abhängt. Ein kultureller Lebensstandard bedeutet seinerseits wieder, daß neue Bedürfnisse auftauchen und daß dem menschlichen Verhalten neue Imperative und Bedingungen auferlegt werden."

Herbert Marcuse behauptet: „Es gibt einen Kulturbegriff, der ein für die Sozialforschung wichtiges Werkzeug darstellen kann, weil in ihm die Verflochtenheit des Geistes in den geschichtlichen Prozeß der Gesellschaft ausgesprochen wird. Er meint das jeweilige Ganze des gesellschaftlichen Lebens, sofern darin sowohl die Gebiete der ideellen Reproduktion (Kultur im engeren Sinne, die ‚geistige' Welt) als auch der materiellen Reproduktion (der ‚Zivilisation') eine historisch abhebbare und begreifbare Einheit bilden. Und *Marcuse* weiter: „Es gibt jedoch eine andere sehr verbreitete Verwendung des Kulturbegriffs, bei welcher die geistige Welt aus einem gesellschaftlichen Ganzen herausgehoben und hierdurch die Kultur zu einem (falschen) Kollektivum und zu einer (falschen) Allgemeinheit erhöht wird. Dieser zweite Kulturbegriff (besonders ausgeprägt in Wendungen wie ‚nationale Kultur', ‚germanische Kultur' oder ‚romanische Kultur') spielt die geistige Welt gegen die materielle Welt aus, indem er die Kultur als Reich der eigentlichen Werte und Selbst-Zwecke der gesellschaftlichen Nutz- und Mittel-Welt entgegenhält. Durch ihn wird die Kultur von der Zivilisation unterschieden und von dem Gesellschaftsprozeß soziologisch und wertmäßig entfernt."

Dieser Begriff selbst sei schon auf dem Boden einer bestimmten Gestalt der Kultur erwachsen, die er als affirmative Kultur bezeichnet. Unter „affirmativer Kultur sei jene der bürgerlichen Epoche angehörige Kultur verstanden, welche im Laufe ihrer eigenen Entwicklung dazu geführt hat, die geistig-seelische Welt als ein selbständiges Wertreich von der Zivilisation abzulösen und über sie zu erhöhen. Ihr entscheidender Zug ist die Behauptung einer allgemein verpflichtenden, unbedingt zu bejahenden, ewig besseren, wertvolleren Welt, welche von der tatsächlichen Welt des alltäglichen Daseinskampfes wesentlich verschieden ist, die aber jedes Individuum ‚von innen her', ohne jede Tatsächlichkeit zu verändern, für sich realisieren kann. Erst in dieser Kultur gewinnen die kulturellen Tätigkeiten und Gegenstände ihre hoch über den Alltag emporgesteigerte Würde: ihre Rezeption wird zu einem Akt der Feierstunde und der Erhebung."

S. Freud setzte sich auch sehr ausführlich mit der Kultur auseinander. Unter anderem sagte er: „... daß das Wort ‚Kultur' die ganze Summe der Leistungen und Einrichtungen bezeichnet, in denen sich unser Leben von dem unserer tierischen Ahnen entfernt und die zwei Zwecken dienen: dem Schutz des Menschen gegen die Natur und der Regelung der Beziehungen der Menschen untereinander." Bei der Beschreibung der Züge der Kultur beginnt er mit allen Tätigkeiten und Werten, die dem Menschen nutzen, um die Erde dienstbar zu machen, und die ihn gegen die Gewalt der Natur schützen, weil diese Tätigkeiten im allgemeinen als kulturell anerkannt werden. Der Mensch wendet sich auch Dingen zu, die „ganz und gar nicht nützlich sind, eher unnütz erscheinen, z.B. wenn die in einer Stadt als Spielplätze und Luftreservoire notwendigen Gartenflächen auch Blumenbeete tragen oder die Fenster der Wohnungen mit Blumentöpfen geschmückt sind" *(S. Freud)*. Damit wollte er den kulturellen Anspruch des Menschen auf Schönheit untermauern. Neben der Schönheit spielen für ihn auch Reinlichkeit und Ordnung als kulturelle Elemente eine wichtige Rolle. Aber „durch keinen anderen Zug sei die Kultur besser zu kennzeichnen als durch die Schätzung und Pflege der höheren psychischen Tätigkeiten, der intellektuellen, wissenschaftlichen und künstlerischen Leistungen, der führenden Rolle, welche den Ideen im Leben der Menschen eingeräumt wird. Unter diesen Ideen stehen obenan die religiösen Systeme, neben ihnen die philosophischen Spekulationen und endlich, was man die Idealbildungen der Menschen heißen kann, ihre Vorstellungen von einer möglichen Vollkommenheit der einzelnen Person, des Volkes, der ganzen Menschheit und die Anforderungen, die sie auf Grund solcher Vorstellungen erheben." *(S. Freud)*

Diese Züge der Kultur sind nicht voneinander unabhängig, sondern innig miteinander verflochten. Aber bereits „in allen ontologischen Einteilungen des antiken Idealismus kommt die Schlechtigkeit einer gesellschaftlichen Wirklichkeit zum Ausdruck, in der die Erkenntnis der Wahrheit über das menschliche Dasein nicht mehr in die Praxis aufgenommen ist. Die Welt des Wahren, Guten und Schönen ist in der Tat eine ‚ideale' Welt, sofern sie jenseits einer Gestalt des Daseins, in welcher der größte Teil der Menschen entweder als Sklaven arbeitet oder im Warenhandel sein Leben verbringt und nur eine kleine Schicht überhaupt die Möglichkeit hat, sich um das zu kümmern, was über die Besorgung und Erhaltung des Notwendigen hinausgeht." *(Marcuse)*

Es erscheint mir deshalb sehr wichtig, nochmals auf *S. Freud* hinzuweisen, der als Charakterzug einer Kultur auch bezeichnet: „... in welcher Weise die Beziehungen der Menschen zueinander, die sozialen Beziehungen, geregelt sind, die den Menschen als Nachbarn, als Hilfskraft, als Sexualobjekt eines anderen, als Mitglied einer Familie, eines Staates betreffen. Es wird hier besonders schwer, sich von bestimmten Idealforderungen freizuhalten und das, was überhaupt kulturell ist, zu erfassen. Vielleicht beginnt man mit der Erklärung, das kulturelle Element sei mit dem ersten Versuch, diese sozialen Beziehungen zu regeln, gegeben. Unterbleibe ein solcher Versuch, so wären diese Beziehungen der Willkür des Einzelnen unterworfen, d.h. der physisch Stärkere würde sie im Sinne seiner Interessen und Triebregungen entscheiden. Daran änderte sich nichts, wenn dieser Stärkere seinerseits einen Einzelnen noch Stärkeren fände. Das menschliche Zusammenleben wird erst möglich, wenn sich eine Mehrheit zusammenfindet, die stärker ist als jeder Einzelne und gegen jenen Einzelnen zusammenhält. Die Macht dieser Gemeinschaft stellt sich nun als ‚Recht' der Macht des Einzelnen, die als ‚rohe Gewalt' verurteilt wird, entgegen. Diese Ersetzung der Macht des Einzelnen durch die der Gemeinschaft ist der entscheidende kulturelle Schritt. Ihr Wesen besteht darin, daß sich die Mitglieder der Gemeinschaft in ihren Befriedigungsmöglichkeiten beschränken, während der Einzelne keine solche Schranke kannte. Die nächste kulturelle Anforderung ist also die der Gerechtigkeit, d.h. die Versicherung, daß die einmal gegebene Rechtsordnung nicht wieder zugunsten eines Einzelnen durchbrochen werde. Über den ethischen Wert eines solchen Rechts wird hiermit nicht entschieden".

Aber gerade dieses scheint mir das Problem zu sein, das *Marcuse* bei seiner Kritik des Existentialismus gesehen haben könnte:

„Die politische Identifizierung von Freiheit und Bindung ist nur dann mehr als eine Phrase, wenn das Gemeinwesen, an das der freie Mensch a priori gebunden, die Möglichkeit menschenwürdiger Erfüllung des Daseins gewährleistet bzw. in eine solche Möglichkeit gebracht werden kann. Die Identität von Freiheit und politischer Bindung (die als solche durchaus anzuerkennen ist) enthebt nicht, sondern zwingt erst recht zu der Frage: wie sieht dieses Gemeinwesen aus, an das ich mich binden soll? Kann bei ihm das, was das Glück und die Würde des Menschen ausmacht, aufbewahrt sein? Die ‚natürlichen' Gebundenheiten des ‚Blutes' und des ‚Bodens' rechtfertigen allein noch niemals die totale Überantwortung des einzelnen an die Gemeinschaft. Der Mensch ist mehr als Natur, mehr als Tier, ‚und das Denken einmal können wir nirgends unterlassen. Denn der Mensch ist denkend; dadurch unterscheidet er sich von dem Tier'. Und ebensowenig kann bloß deswegen, weil der Mensch ‚seinsmäßig' ein politisches Wesen ist, weil die politischen Beziehungen ‚existentielle' Beziehungen sind, die totale Auslieferung des Einzelnen an den faktisch gerade vorhandenen Staat gefordert werden. Die politische Bildung der Freiheit ist, wenn anders sie das Wesen der menschlichen Freiheit nicht vernichten, sondern erfüllen soll, nur als die freie Praxis des einzelnen selbst möglich: sie beginnt mit der Kritik und endet mit der freien Selbstverwirklichung des Einzelnen in der vernunftgemäß organisierten Gesellschaft. Diese Organisation der Gesellschaft und diese Praxis sind die Todfeinde, die der politische Existentialismus mit allen Mitteln bekämpft." Für *S. Freud* ist jedoch „die individuelle Freiheit kein Kulturgut. Sie war am größten vor jeder Kultur, allerdings damals meist ohne Wert, weil das Individuum kaum imstande war, sie zu verteidigen. Durch die Kulturentwicklung erfährt sie Einschränkungen, und die Gerechtigkeit fordert, daß keinem diese Einschränkungen erspart werden. Was sich in einer menschlichen Gemeinschaft als Freiheitsdrang rührt, kann Auflehnung gegen eine bestehende Ungerechtigkeit sein und so einer weiteren Entwicklung der Kultur günstig werden, mit der Kultur verträglich bleiben. Es kann aber auch dem Rest der ursprünglichen, von der Kultur ungebändigten Persönlichkeit entstammen und so Grundlage der Kulturfeindseligkeit werden. Der Freiheitsdrang richtet sich also gegen bestimmte Formen und Ansprüche der Kultur oder gegen Kultur überhaupt. Es scheint nicht, daß man den Menschen durch irgendwelche Beeinflussung dazu bringen kann, seine Natur in die eines Termiten umzuwandeln, er wird wohl immer seinen

Anspruch auf individuelle Freiheit gegen den Willen der Masse verteidigen. Ein gut Teil des Ringens der Menschheit staut sich um die Aufgabe, einen zweckmäßigen, d.h. beglückenden Ausgleich zwischen diesen individuellen und den kulturellen Massenansprüchen zu finden, es ist eines ihrer Schicksalsprobleme, ob dieser Ausgleich durch eine bestimmte Gestaltung der Kultur erreichbar oder ob der Konflikt unversöhnlich ist."

Ich möchte darauf hinweisen, daß die Trennung des Nützlichen, des Zweckmäßigen und Notwendigen vom Schönen und vom Genuß eine Entwicklung einleitet, die sich nach Tausenden von Jahren fortsetzt und uns große Probleme in der industriellen oder kapitalistischen Gesellschaft bereitet. *Herbert Marcuse* weist auf diesen Widerspruch hin in *Platos* „Staat": „*Platos* Antwort auf die Forderung ist sein Programm einer Neuorganisation der Gesellschaft. Aus ihm wird offenbar, wo er die Wurzeln des Übels gesehen hat: er verlangt für die maßgebenden Schichten die Aufhebung des Privateigentums (auch an Frauen und Kindern) und das Verbot des Warenhandels. Aber dasselbe Programm will die Gegensätze der Klassengesellschaft in der Tiefe des menschlichen Wesens begründen und verewigen: während der große Teil der Mitglieder des Staates vom Anfang bis zum Ende ihres Daseins auf die freudlose Besorgung der Lebensnotwendigkeiten gerichtet ist, bleibt der Genuß des Wahren, Guten und Schönen einer kleinen Elite vorbehalten."

Diese Trennung zwischen dem Notwendigen einerseits und dem Schönen, Guten, Wahren andererseits besteht nicht in den primitiven Gesellschaften. Elemente, die wir als kulturell bezeichnen, gehören dort zu den nützlichen Tätigkeiten. Arbeit ist nicht trennbar von Kunst, Musik, Dichtung. Während meines Aufenthalts bei einigen Gruppen von Andenindianern in Peru konnte ich beobachten, wie die Feldbestellung nicht als eine ausschließliche Arbeit in der Landwirtschaft von den Mitgliedern der Gemeinschaft angesehen wurde. Am Rande eines Ackers standen und saßen Frauen, Männer und Kinder, ihre Kleider waren bunt, gepflegt, man hatte den Eindruck, daß sie ihre „Sonntagskleidung" trugen. Einige von ihnen bereiteten das Essen zu, andere verteilten die Getränke „Chicha" und „Cañazo", andere kauten vor sich hin, andere spielten mit Flöten diese liebliche Andenmusik, Kinder rannten herum. Es herrschte eine fröhliche Atmosphäre. Auf dem Acker selbst zogen andere Frauen und Männer mit einer ähnlichen Bekleidung hinter den Pflügen, die von den Ochsen geschleppt wurden.

Es sah nicht wie landwirtschaftliche Arbeit aus. Ich bekam den Eindruck, daß es sich dabei um ein Fest der Gemeinschaft handelt. Es war beides. Zunächst war ich überrascht, dann dachte ich an meine Kindheitserlebnisse. Ich erinnerte mich an die Weinfeste und an die „Magostos". Es handelte sich um eine Arbeit und um eine Feier zugleich. Der „Magosto" ist ein Fest, das in Galizien anläßlich der Kastanienernte veranstaltet wird. Es drückt den Dank der Ernte und das Herannahen des Winters aus. Mit einem großen Gebüschhaufen, unter dem Maroni-Kastanien liegen, wird ein großes Feuer gemacht, das von Musik und Tanz begleitet wird. Das Knallen der bratenden Kastanien deutet wahrscheinlich auf die bösen Geister hin, die vor dem Feuer flüchten. Diese Beziehung zwischen Arbeit und Fest, zwischen Nützlichem und Genuß sieht man nicht nur bei den primitiven Gesellschaften. Bei der Schlachtung der Schweine, die ich hier in Deutschland beobachten konnte, habe ich, genauso wie in Spanien, festgestellt, daß es sich nicht nur um Arbeit handelt.

Über diese Beziehung zwischen Arbeit und Kunst zitiert *Diamond* in seiner „Kritik der Zivilisation": „So kennen z. B. die Yir-Yiron, ein Volk Australiens, keine sprachliche Unterscheidung zwischen Arbeit und Spiel." Weiter sagt er, „daß die verschiedenen Ausdrucksformen der Kultur in primitiven Gesellschaften in hohem Maße integriert sind. Zwischen Religion und Gesellschaftsstruktur, Gesellschaftsstruktur und ökonomischer Organisation, ökonomischer Organisation und Technik, zwischen dem Magischen und dem Pragmatischen gibt es komplizierte und harmonische Wechselbeziehungen. Diese Wechselbeziehungen haben zwei hauptsächliche Auswirkungen: (1) sie wirken sich in Richtung auf eine optimale praktische Effizienz des Systems aus; und (2) sie integrieren eine ganze

Reihe von Emotionen und Einstellungen in eine bestimmte Tätigkeit, anstatt diese Tätigkeit zu isolieren oder sie von ihrem menschlichen Kontext zu abstrahieren."

In unseren zivilisierten oder hochindustrialisierten Gesellschaften ist die Integration von Arbeit und Spiel oder von Arbeit und Kunst längst verloren. Kultur ist von der Arbeit abgetrennt. *Diamond* sagt: „Das entscheidende Problem liegt in der sozio-ökonomischen Ausbeutung und dem damit zusammenhängenden Verlust der kulturellen Schöpferkraft und Selbständigkeit für die große Mehrheit der Menschen. Die auffällige Auspressung von Arbeitern und Bauern war eine Bestätigung der Macht; doch festigte die so bestätigte Macht nicht nur den sozialen Status, sie räumte auch die Ängste über die tatsächliche Machtlosigkeit der Privilegierten aus, die sich daraus ergaben, daß sie die unmittelbare Beherrschung über ihre Umwelt verloren hatten. Die Anhäufung von Reichtum als Selbstzweck, die Antithese zur primitiven Subsistenzwirtschaft, erfolgte daher kompensatorisch, und war ein Zeichen für die Angst vor der Ohnmacht des Menschen, der seine Wurzeln verloren hat. Sie stellt eine Reaktion der Entfremdeten bei ihrem Streben nach Sicherheit dar; und die Manipulation von Menschen tritt an die Stelle der Beherrschung von Sachen. In dem Maße, wie sich die Zivilisation ausdehnt und vertieft, wird der Mensch, sein artspezifisches Dasein, zum Objekt, beherrscht von den Gesetzen des Imperialismus".

Nach all dem Gesagten ist es angebracht, auf die Kultur in unserer Gesellschaft einzugehen bzw. die kulturellen Perspektiven aufzuzeigen, so wie sie in der Jugend wirken. Die Trennung des Schönen vom Nützlichen ist hier schon seit langem Wirklichkeit. Kultur wird im allgemeinen als notwendig akzeptiert, aber sie wird als von der Arbeit oder vom Arbeitsbereich unabhängig verstanden. Genauso wenig wie über den Zusammenhang zwischen Kultur und Arbeit wird über den Zusammenhang der Arbeit mit den Zielen des Lebens diskutiert. Die Diskussion über den Sinn oder Zweck des Lebens findet nicht statt, unter anderem, weil man in der Welt ist, weil man lebt. Aber demjenigen, der sein Leben als unsinnig oder zwecklos betrachtet, wird sogar gesellschaftlich verboten, mit dieser Unsinnigkeit, mit dieser Zwecklosigkeit fertig zu werden, es wird ihm verboten, eigenmächtig aus dem Leben zu scheiden. Wie wenig wird darüber nachgedacht, daß das Leben an erster Stelle als ein Wunsch der Eltern zu betrachten ist. Viele Eltern haben nie einen Gedanken darüber verloren, ob ihre Kinder sich tatsächlich das Leben in dieser Welt wünschen würden. Für viele Eltern ist die Katastrophe von Tschernobyl zum ersten Mal Anlaß gewesen, sich die Frage zu stellen, ob es unter den derzeitigen Lebensbedingungen und bei den Umwelt- und Kriegsgefahren angebracht oder gerecht sei, Kinder in die Welt zu setzen. Die Realität verdrängt unsere Gedanken. Unsere Kinder und wir sind da, wir müssen irgendwie damit fertig werden. Wie oft fragen wir uns, fragen sich viele Leute, warum wir uns in der Schule, bei der Berufsausbildung, beim Studium, bei der Arbeit, bei den vielen irrationalen Auseinandersetzungen mit Vorgesetzten und Kollegen usw. quälen müssen. Zwar müssen wir arbeiten, um die Existenz zu sichern, aber muß es so sein, muß es so hart sein, gibt es keine Möglichkeiten, die Existenz zu sichern, ohne sich dermaßen zu quälen?

Trotzdem schicken wir glücklich und zufrieden unsere Kinder in den Kindergarten, zur Schule; wir möchten, daß sie einen guten Beruf erlernen, daß sie studieren, damit sie es später gut oder leicht im Leben haben. Wir fördern den Anpassungsprozeß unserer Kinder an das gesellschaftliche Leben, wir unterstützen die Entwicklung dieser jungen Menschen, die dann in die Berufs- und Arbeitswelt integriert werden. Die bloße Frage wozu?, weshalb?, macht uns bereits verdächtig. Denken wir darüber nach, was Arbeit für uns, für unsere Kinder bedeutet? Ja, wir wollen unsere Existenz sichern. Wir wollen unsere Identität bei der Arbeit finden. Wir wollen Anerkennung durch unsere Leistung gewinnen. Arbeit gehört zu unserem Leben. Wer nicht so denkt, ist ein Außenseiter. Ja, wenn es so ist, wie ist es mit der Arbeitslosigkeit? Was bedeutet sie für uns? Was bedeutet sie für viele Menschen? Denken wir auch dabei an die Bedeutung des Staates, an die Rolle der Politiker, an die Gerechtigkeit oder deren Fehlen in unserer Gesellschaft?

Die Verteidiger des Staates haben es wohl leichter bei uns, aber sie werden trotzdem hören müssen, daß nicht der Staat der Garant der Freiheit, der Gerechtigkeit, des Wahren, Schönen, Guten aller Gesellschaftsmitglieder ist.

Kultur ist in unserem Staatswesen nicht eine Instanz der Hilfe, sie ist nicht die Ganzheit der Mittel, die die Menschen brauchen, um ein Gleichgewicht in der Auseinandersetzung mit Natur und mit den anderen Menschen zu erzielen bzw. um die Probleme des Lebens in der Gemeinschaft zu bewältigen. Kultur ist bei uns etwas Abgehobenes, das nur die notwendige Aufmerksamkeit findet, wenn es kommerziellen Nutzen bringt oder wenn es benutzt werden kann, die ökonomischen oder Machtinteressen einer Gruppe zu wahren oder durchzusetzen. Über diese Thematik wurde zum Beispiel lange in Frankfurt diskutiert. Es ging um die Museen, aber vor allem um die Alte Oper. Die Diskussion ist jetzt abgeflacht, aber ich habe vor kurzer Zeit etwas erlebt, was mich sehr enttäuschte. Am 1. Mai fand in der Alten Oper Frankfurts ein Konzert des spanischen Künstlers Paco Ibáñez statt. Vor einigen Jahren drängten sich Tausende von Spaniern, Franzosen und anderen, wenn Paco Ibáñez sang und Gitarre spielte. Es erfolgte meist im Freien oder in populären Konzertsälen. Ich ging jetzt zu seinem Konzert, weil ich u.a. auch Spanier und andere Bekannte treffen wollte. Unter den etwa 50 Personen, die in dem Saal saßen, konnte ich keinen einzigen Bekannten treffen. Paco Ibáñez selbst war wie umgewandelt. Man merkte ihm seine Hemmungen an, er entschuldigte sich zum Beispiel, daß er nicht deutsch sprach, er sprach zu Leuten, die er nicht sah, weil der Saal verdunkelt war. Es war, unabhängig von den schönen Liedern, ein furchtbares Erlebnis. Für wen war diese kulturelle Veranstaltung? Was hatte dieses Konzert mit Kultur zu tun? Ich habe mir gedacht, es wird Volkskultur ohne das Volk gemacht. Das kann nicht gut gehen.

In unserem politischen System ist die Ausbeutung der arbeitenden Menschen politisch sanktioniert. Selbstverständlich wird es nicht gern zugegeben oder es wird mit Hilfe der Semantik verschleiert. Kapitalismus heißt nicht so, sondern freie Marktwirtschaft. Der Arbeitgeber ist derjenige, der die Arbeit nicht gibt, sondern nimmt, oder deren Produkt. Der Arbeiter, der produziert, der sein Produkt verliert oder dem sein Produkt weggenommen wird, heißt Arbeitnehmer. Entlassung eines Arbeiters heißt Freisetzung. Das System produziert nicht nur eine Entfremdung der Arbeit, sondern auch eine Entfremdung der Sprache. Der Arbeiter hat bei uns keine Möglichkeit, über die gesellschaftliche Notwendigkeit seiner Arbeit zu entscheiden. Er weiß nicht, was mit dem Produkt seiner Arbeit passiert. Politiker begründen diesen Zustand mit Wachstum und Fortschritt. Wie eine „heilige Kuh" werden diese Argumente verteidigt. Man spricht von dem Wohlstand der Gesellschaft, aber man meint sicherlich nur einen Teil ihrer Mitglieder. Über die Situation im Arbeitsbereich unserer Industriegesellschaft sagt *Roszak* u.a.: „Wenn ich von Technokratie spreche, meine ich die Gesellschaftsform, die in einer Industriegesellschaft ein Höchstmaß an organisatorischer Integration gewährleistet. Sie ist das Ideal, das gewöhnlich im Hintergrund steht, wenn von Modernisieren, Auf-den-neuesten-Stand-Bringen, Rationalisieren, Planen gesprochen wird. Die Technokratie arbeitet mit so unbestrittenen Imperativen wie dem Zwang zu Effektivität, sozialer Sicherheit, möglichst weitgehender Koordinierung von Mensch und faktischen Möglichkeiten, immer höherem Lebensstandard und immer eindrucksvollerer Manifestation der vereinten menschlichen Fähigkeiten, und sie kittet auf diese Weise die anachronistischen Risse und Sprünge der Industriegesellschaft".

Wer dieses System in irgendeiner Weise in Frage stellt oder gar Kritik ausübt, macht sich sofort verdächtig. Das politische System will alle Bereiche des menschlichen Lebens unter seine Kontrolle bringen. Politiker werden sehr ungehalten, wenn sie den Eindruck bekommen, daß ihnen etwas aus der Hand gleitet. *Theodor Roszak* schreibt: „Die Organisation des menschlichen Lebens nimmt die Präzision an, mit der wir den mechanistisch-technischen Bereich organisiert haben. Damit erreichen wir eine Epoche der Soziotechnik, in der sich die Einwirkungsmöglichkeiten unternehmerischer Talente auf den gesamten Bereich der menschlichen Existenz, der den

Industrie-Komplex umgibt, ausdehnen. Politik, Erziehung, Freizeit, Unterhaltung, die gesamte Kultur, die unbewußten Antriebe und sogar der Protest gegen die Technokratie selbst werden ausschließlich technischen Erkenntnismethoden unterworfen und mit ausschließlich technischen Mitteln manipuliert. Ziel ist die Schaffung eines neuen gesellschaftlichen Organismus, dessen Gesundheit vom regelmäßigen Schlagen seines technologischen Herzens abhängt."

Die panikartige Reaktion mancher Politiker, die mit der Staatsgewalt drohen, wenn Minderheiten der Gesellschaft kulturelle Formen ihres Lebens zu entwickeln versuchen, die sich von den konventionellen, uns bei der Sozialisation beigebrachten unterscheiden, deutet mit Sicherheit auf dieses Ziel hin. Ein rezentes Beispiel erleben wir mit der Volkszählung. Ich erlebe hier den Versuch, die totale Macht des Staates über das Volk zu demonstrieren. Ich kann mein bitteres Lächeln nicht verbergen, wenn ich bei den Reklamen für die Volkszählung höre, daß es notwendig ist, eine bessere Planung in der Gesellschaft zu erreichen. Aber für wen wird vorausgeplant? Für alle? Wird dann die Arbeit stundenmäßig so verteilt, daß es keine Arbeitslosen mehr gibt? Wird der Gewinn so vorausgeplant, daß jeder wissen kann, mit wieviel er zu rechnen hat? Wird so vorausgeplant, daß nur soviel produziert wird, wie notwendig ist?

Wenn es so wäre – was ich begrüßen würde –, hätten wir keine freie Marktwirtschaft mehr, wir hätten eine Planwirtschaft, eine sozialistische Gesellschaft. Na, ich denke, daß ich etwas übertreibe. Bei *Diamond* liest man dazu: „Ganz zu Beginn führten die Bürokratien Zählungen durch – von Menschen, Besitztümern, Grund und Boden –, um schätzen, Steuern erheben und Macht ausüben zu können, um diejenigen Tatsachen aufzuzeichnen, die zur Grundlage der staatlichen Zwangsgewalt wurden. Im Verlauf der historischen Entwicklung wird die Quantifizierung zum Zweck an sich, und nicht zu einem problematischen und nur in Grenzen anwendbaren Mittel, wie sie dies in den Humanwissenschaften immer ist. Das Prinzip der Bewertung wird diesem Zahlenspiel untergeordnet oder von ihm absorbiert. Dabei ist dieses Zahlenspiel eine abstrakte Verschiebung von Zählmarken, die politischen Entscheidungen, Prinzipien und Bedeutung dadurch aus dem Wege geht, daß sie den Anspruch erhebt, darüber zu stehen. Die neue Pedanterie ist die Pedanterie der Maschine."

Vielleicht erleben wir in Zukunft eine positive Überraschung, wenn die Volkszählung tatsächlich allen Mitgliedern der Gesellschaft Nutzen bringen sollte. Glauben viele von Ihnen daran?

Viele Menschen, aber vor allem Jugendliche, haben sich kritisch gegenüber der Volkszählung geäußert. Die Macht des Staates hat keine kritische Auseinandersetzung mit diesem Thema erlaubt. Jugendliche haben in vielen Städten des Landes zum Boykott aufgerufen. Manche wurden wie Verbrecher behandelt, die Polizei hat unzählige Wohnungen von Jugendlichen durchsucht.

Trotz der Festigkeit des politischen Systems, trotz der schieren „Kulturlosigkeit" des sozialen Lebens gibt es immer wieder Versuche, andere kulturelle Perspektiven zu etablieren. Im Arbeitsbereich sieht man, daß relativ viele sogenannte Alternativbetriebe gegründet wurden. Sie versuchen, demokratisches Verhalten bei der Arbeit zu zeigen. Es wird nicht für den Markt, sondern nur Notwendiges produziert. An der Planung der Arbeit werden alle Beschäftigten beteiligt, auch Lehrlinge. Der Gewinn, wenn es einen solchen gibt, wird gerecht verteilt. Diese Betriebe haben Anlaufschwierigkeiten, weil die Gründer meist nicht über Anfangskapital verfügen. Kommunen helfen oft bei der Betriebsgründung. Die Arbeit erfolgt in diesen Betrieben nicht bis zum Umfallen, der Arbeitsrhythmus wird den psychischen und physiologischen Fähigkeiten der Menschen angepaßt. Dieses geschieht allerdings in der Anfangsphase kaum, denn die Arbeitenden müssen sich aneinander gewöhnen, was mehr Zeit braucht. Später läuft es dann wie erwünscht – nicht jedoch dort, wo bornierte Politiker alles daran setzen, diese Projekte zu zerschlagen. Hier entwickelt sich eine Kultur der Arbeit, die weniger auf Ausbeutung der Menschen hinzielt.

In der Psychoszene haben wir in der Bundesrepublik

Deutschland ein hervorragendes Beispiel gehabt, das die Macht des Systems relativ schnell beendete. Es handelte sich um das Sozialistische Patientenkollektiv Heidelberg. Einige Fachleute, alte und junge Bürger, entwickelten neue kulturelle Formen des Umganges miteinander, um die Menschen von der gewaltbesetzten Isolation in den Psychiatrie-Anstalten zu befreien. Politiker und die Ordnungsgewalt haben diese einmalige Psychokultur kriminalisiert und beseitigt.

Ein anderes Beispiel von Entwicklung neuer kultureller Lebensformen zeigte die Jugend bei der Wohnsituation der letzten Jahre. Menschen, die sich mit der bürgerlichen oder traditionellen Familienkultur auseinandersetzen, versuchen in Kommunen, meist aber in Wohngemeinschaften, neue Formen des Zusammenlebens zu finden. Der Widerstand gegen sie wurde sehr stark, um ihr Überleben oder gar ihre Etablierung zu verhindern. Das politische System hat sich auch durch diese Entwicklung bedroht gefühlt. Die Hausbesetzerszene gehört zu den Versuchen, eine neue Gemeinschafts- und Wohnkultur zu entwickeln. Hier geht allerdings der Widerstand gegen die traditionelle Familienkultur mit der finanziellen oder sozialen Not vieler der Aktiven einher.

Was offensichtlich Kulturpolitikern oder Wächtern des Systems am meisten Kopfzerbrechen zu bereiten scheint, sind die sogenannten autonomen Jugendzentren oder Kommunikationszentren. Eine neue Jugendkultur, frei von Technokratie und Konsumdenken, könnte hier entstehen. Nein – diese „Zentren der Subvention“ – so einige Politiker – dürfen nicht mit Steuermitteln unterstützt oder gefördert werden. Die Jugend hätte hier die Möglichkeit, sich mit ihren Problemen der Gegenwart und der Zukunft friedlich auseinanderzusetzen. Hier könnten kulturelle Elemente entstehen, die der gesamten Gesellschaft zugute kommen würden. Dabei wäre es unbedingt erforderlich, über den technokratischen Umgang in der Gesellschaft zu reflektieren. Denn, wie lange wollen Politiker diesen Zustand halten, der uns in das Chaos, in den Untergang werfen wird? Glauben diese Politiker vielleicht, daß sie eine Nische oder eine Insel finden werden, in der sie sich vor der Katastrophe retten können?

In dem Bereich der Migration ist Kultur kein Fremdwort. Bei den Erfahrungen mit Deutschen haben viele ausländische Arbeiter hier festgestellt, daß ihre kulturellen Eigenheiten und ihre kulturelle Identität immer häufiger akzeptiert werden. Immer mehr deutsche Gruppen fangen an zu begreifen, daß die kulturellen Eigenschaften und die kulturelle Identität der Ausländer, die hier leben, eine Bereicherung des kulturellen Lebens der Städte oder der Wohnviertel in diesem Lande bedeuten. „Der Systemcharakter einer Kultur wird besonders augenfällig, wenn es gilt, in der Auseinandersetzung sich gegen fremde Kulturerscheinungen zu behaupten. Wenn auch Kultur als Prozeß ständig in sich Änderungen schafft, ist doch Kultur als System immer bestrebt, ihre Identität zu erhalten, d.h. jenes Prinzip zu wahren, nach dem sie sich zu interpretieren unternommen hat. Jede Kontaktsituation enthält nun aber für eine Kultur die Möglichkeit des Identitätsverlusts, insbesondere, wenn eine Kultur eine ausgesprochene Meidung betreibt und so die Begegnung mit fremden Kulturelementen in ihr nicht vorgesehen ist. Die nicht erwartete Begegnung ist dann aktuelle Bedrohung der Selbstständigkeit einer Kultur, d.h. aber Infragestellung ihres geltenden Interpretationsprinzips.“ *(Hofer)*

Die ausländischen Arbeiter hier verteidigen die Identität ihrer Kultur, sie schaffen andererseits aufgrund ihres Daseins in dieser neuen Gesellschaft neue kulturelle Elemente, die ihnen helfen, ihre materielle Situation zu sichern oder zu verbessern. Kultur der Migration wirkt sich nicht ausschließlich auf die ausländische Jugend aus. Auch die deutsche Jugend wird von diesen kulturellen Elementen beeinflußt. Ein Teil der deutschen Jugend wehrt sich gegen diese Einflüsse, ein großer Teil jedoch ist bereit, diese kulturellen Elemente zu assimilieren. Auch die Gruppe der Frauen hat in den letzten Jahren kulturelle Elemente entwickelt, die Veränderungen in vielen gesellschaftlichen Bereichen herbeigeführt haben und herbeiführen werden.

Über die Errungenschaften der Frauen für sich sollten sich die Frauen selbst äußern. Ich will jedoch auf deren Wirkung auf die Männer kurz hinweisen. Männer haben angefangen, die Hausarbeit anders zu bewerten als früher, sie aktzeptieren mehr, wenn auch noch zu wenig, daß Frauen in den klassischen Männerberufen arbeiten. Männer verrichten in zunehmendem Maße Hausarbeiten, ohne sich dabei zu genieren. Dabei merken sie auch, daß man deshalb nicht zum „Pantoffelheld" werden oder Angst vor dem Verlust der Potenz haben muß. Männer reden jetzt häufiger über ihre Emotionen, Männergruppen haben sich fast überall gebildet, und nicht nur, um über Frauen und Autos zu reden oder am Stammtisch zu sitzen.

Leider wird den Frauen nicht die Eigenständigkeit überlassen, die ihnen in der Gesellschaft zusteht. Die Versuche, die jetzt wieder unternommen werden, sie mit dem Paragraph 218 mehr zu gängeln oder ihre Rechte einzuschränken, sollte man unterlassen. Die neue Frauenkultur wirkt sich sehr stark vor allem auf die weibliche Jugend aus. Die kulturellen Elemente, die die Frauen in ihrem Bereich in letzter Zeit entwickeln, verraten allerdings die Ungerechtigkeit, unter der eine so große Gruppe der Gesellschaft leidet.

Kurz möchte ich auf die sexuelle Kultur hinweisen. Einen historischen Abriß über die Sexualität möchte ich hier schon aus zeitlichen Gründen nicht machen. Wir wissen von einigen Völkern, daß sie mit der Sexualität selten gesellschaftliche Probleme haben, die nicht leicht zu überwinden wären. Sexualität ist für sie Reproduktion, Lustgewinn, Triebbefriedigung. Wir wissen aber auch, spätestens seit *Freud*, daß Sexualität nicht nur im Zusammenhang mit der Arterhaltung, sondern auch mit Triebbefriedigung und psychischer Entwicklung der Kinder und Jugendlichen zu tun hat. Es ist nach den 60iger Jahren der Eindruck entstanden, daß das sexuelle Leben eines jeden Menschen von jedem für jeden akzeptiert worden wäre. Mütter klärten ihre Töchter und Söhne auf. Viele Eltern sorgten sogar dafür, daß die Kontrazeption bei ihren jungen Töchtern gesichert sei. Man hatte aufgehört, in Autos und auf Wiesen zu koitieren. Eltern akzeptierten, daß junge Töchter und Söhne ihre Partner im Hause empfangen, und gaben ihnen hiermit die Möglichkeit, Sexualität ungestört zu erleben. Daß es nicht überall so war, daß die sexuelle Kultur in unserer Gesellschaft noch unter Repression, Einschränkungen aller Art leidet, merken wir jetzt wieder, zum Teil durch den „erworbenen Defekt des Abwehrsystems“ (AIDS). Dieses Phänomen hat bereits die sexuelle Kultur verändert. Es ist tatsächlich eine Gefahr für das freie sexuelle Leben der Menschen vor allem, wenn man nicht einige Vorsichtsmaßnahmen beachtet. AIDS ist aber eine Chance zugleich, d.h. durch die notwendig gewordene sexuelle Aufklärung wird auf das sexuelle Bedürfnis jedes Menschen hingewiesen. Möglicherweise führt dies zu weniger Hemmung, weniger Verdrängung und Unterdrückung, zu geringerer Sublimierung der sexuellen Triebe.

Abschließend möchte ich kurz auf die Elemente der Kultur eingehen, die nicht zu dem Bereich des „Nützlichen“ gerechnet werden, auch wenn ich hierüber eine andere Meinung vertrete. Es sind Malerei, Skulptur, Musik, Theater, Literatur, Dichtung oder was man allgemeinhin künstlerische Tätigkeiten nennt.

So wie sie in unserer Gesellschaft praktiziert werden, stehen sie nicht, von wenigen Ausnahmen abgesehen, in Beziehung zu den Lebenstätigkeiten, die als nützlich oder notwendig definiert werden. Der Arbeitsbereich ist kaum Gegenstand künstlerischer Tätigkeit, und wenn ja, bekommt diese Kunst nicht die ihr gebührende Anerkennung. Beurteilung oder Kritik der Kunst ist eine Domäne von Experten, die abgehoben von der Entstehungssituation des Werkes und der Realität des Künstlers ihre, die ausschlaggebende Meinung äußern. Sie ist, wie könnte es anders sein, nicht wertneutral. Sie dient allerlei Interessen, die oft nichts mit Kunst und Kultur zu tun haben. In diesem Bereich und mit der nicht zu vermeidenden längeren Freizeit – wenn man die Arbeit gerechterweise verteilen will – hat die Jugend ein riesiges Feld, in dem sie kulturelle Aktivitäten entwickeln kann, die allen Mitgliedern der Gesellschaft zugute kommen könnten.

Diese Beispiele zeigen, daß der Begriff der Kultur sehr

weit gefaßt werden muß, wobei ich bei weitem nicht alle Bereiche mit der nötigen Ausführlichkeit darstellen konnte.

Literatur

Blanco Cruz, Enrique: Von der Volkskrankheit zur Krankheit des Teufels. Volksmedizin in Peru. Frankfurt am Main 1985.

Entwurzelung und psychische Reaktion. In: Migration und psychische Gesundheit. AWO Bundesverband e. V. Bonn 1986.

Diamond, Stanley: Kritik der Zivilisation. Frankfurt am Main 1976.

Freud, Sigmund: Das Unbehagen in der Kultur. In: S. Freud, Studienausgabe, Band IX. Frankfurt am Main 1974.

Hofer, Gunter: Kultur als Faktum. In: Die Wirklichkeit des Unverständlichen. Den Haag 1974.

Malinowski, Bronislaw: Eine wissenschaftliche Theorie der Kultur. Frankfurt am Main 1975.

Marcuse, Herbert: Kultur und Gesellschaft I. Frankfurt am Main 1971.

Roszak, Theodore: Gegenkultur. Düsseldorf-Wien 1971.

Armand Mergen

Frühling ohne Blumen – Herbst ohne Früchte

Ich habe absichtlich diesem Essay über das biosoziologische Entwicklungsschicksal des Menschen eine romantisierende, vielleicht kitschig anmutende Überschrift gegeben, um erkennbar zu machen, daß das stetige Werden, in dem wir gelebt werden und in dem wir zu leben gezwungen sind, erträglich wird durch Qualitäten des Gefühls und des Gemüts, die als vorgegebene poetische Geheimnisse dem in Ruhe erstarrten Tod, dem wir zustreben, den Schrecken nehmen, solange es möglich ist, zu belächeln, ohne zu hassen, kritisch zu schauen, ohne überheblich zu werden, und zu lieben, ohne Narzißt zu sein. Einem Frühling ohne Blumen, ohne Hoffnung kann kein Sommer folgen, und ohne Sommer können im Herbst keine Früchte reifen. Der Winter wird Nichtvorhandenes endgültig auslöschen.

Die Entwicklung im Alter ist eine Evolution in die Regression, eine dem Ende zustrebende, an den Anfang führende Rückentwicklung, welche die Periode der vollen Leistungskraft überspringt und in infantilen Regionen einsetzt. Das hat neurophysiologische Gründe; sie wirken sich im Sozialen aus. Kindheit und Senium sind Extreme, die sich berühren; Pubertät und Involution sind Prozesse, die in die Ungewißheit des Nichtgewußten führen. Dies sind natürliche Vorgänge. Deshalb muß in jeder Gesellschaft angemessener und passender Platz sein für Kinder, Jugendliche und für Greise. Es gab primitive Kulturen, in denen Greise, aber auch mißgebildete Kinder, in ritualen Handlungen umgebracht wurden. Gesellschaften, die Altersgruppen ausgliedern, tun heute ähnliches.

Was in der Jugend für das volle Leben aufgebaut wurde, wird im Alter abgebaut. Beide Prozesse verlaufen nicht ohne Krise und führen in die unbekannten Regionen zunächst des Abenteuers des Lebens, dann des Mysteriums des Todes. Angst begleitet die Prozesse. Sie kann zur Ratlosigkeit, zur zerstörerischen Verzweiflung, zur Resignation, zum Aufgeben führen.

Die Selbstmordkurve zeigt in der Jugend und im Alter in paradoxer Weise Höchstwerte. Der jugendliche Suizidant flüchtet vor dem Leben, der alte vor dem Tod.

Wenn Jugend und Alter als Einsamkeit und das Erwachsenenalter als Unterbrechung angesehen, wenn junge und alte Menschen zu Randgruppen werden, dann wird die so geschaffene Realität die pervertierte Dialektik als inhuman entlarven und ihre dem nur Materiellen verschriebenen Erbauer früh oder spät in die Knie zwingen. Biologische Gesetze – zu ihnen gehören Geburt, Werden und Tod – sind beständig in ihrer Gültigkeit; soziale Normen ändern und wechseln die Inhalte. Wenn die sozialen Entwicklungen sich, aus welchen Gründen auch immer, den biologischen Grundgegebenheiten entgegenstellen oder sie gar vergewaltigen, dann wird sich das Gesetz der Natur an den Normen der Gesellschaft rächen.

Kreatürliches Schicksal – dazu gehören Jugend und Alter – ist unabwendbar. Der Mensch muß sich damit auseinandersetzen. Verdrängen geht nicht. Es werden die ewig auf Antwort wartenden Fragen an die Existenz, ihren Gehalt und ihren Sinn zu stellen sein. Und das in jedem Lebensabschnitt, denn die existenzielle Sinnfrage ist an den biologischen Dynamismus des „Stirb, um zu werden" gekoppelt. Die in unserer Zeit leider zu Formalitäten verkümmerten Initiationsriten (Kommunion, Konfirmation, Jugendweihe, Gesellen- resp. Meisterprüfungen etc.) sind archetypische Wegzeichen, die heute nicht mehr als solche erkannt werden und meist nur noch als gesellschaftliche Gepflogenheiten vegetieren. Das „Stirb und Werde" erneuert sich in jeder Lebens- und Sterbensphase. Das Kind stirbt, wenn der Jugendliche geboren wird; der Jüngling stirbt, um dem Erwachsenen das Werden zu ermöglichen, und der aus diesem biosoziologischen Status Ausscheidende öffnet die vorerst letzte Tür zum letzten Lebensabschnitt. Die symbolische Reise ab der Geburt durch das Leben bis zum Endziel zeigt, daß man in ein Zimmer nur eintreten kann, wenn man ein anderes verläßt.

Heute werden die symbolischen Rituale immer weniger als das, was sie sind, erkannt. Die Frage nach dem Sinn bleibt gestellt. Von ihrer Beantwortung im jeweiligen

Lebensabschnitt wird es abhängen, ob die Jugend sich im Nirwana-Wahn verliert, oder ob der alternde Mensch in Angst, Verzweiflung und Panik gerät.

Albert Camus warnt vor allzu absolut erwarteten oder gewollten Antworten. Sie könnten zu gefährlichen, ja fanatischen Ideologien führen, die einerseits der Toleranz eine Absage erteilen und andererseits zu Selbst- und Fremdopfer bereit sind.

Jugend und Alter sind biologische Phänomene eines jeden Lebens. Es gibt weder ein normales noch ein anormales „Altern", es gibt nur ein gelungenes und ein verfehltes. Unsere Zeit ist auf Jugend und auf Alter ambivalent eingestellt. Einerseits wird die Jugend bewundert und revalorisiert, andererseits wird sie verteufelt. Das Alter erfährt ähnliches. Die alten Menschen werden einerseits als erfahren, klug und weise respektiert und als „Zeugen der Zeit" bestaunt oder bewundert, andererseits werden sie als hilfsbedürftig abgeschrieben oder als impotent belächelt.

Das Interesse an der Pubertätskrise der Jugend ist größer als das Interesse an der Involutionskrise des Alters. Dies ist verständlich, denn die Überwindung der Pubertätskrise ist für die Zukunft, die An- und Einpassung in die Gesellschaft wichtig, die Überwindung der Involutionskrise im Alter soll der Gefahr einer drohenden, irreversiblen Desaptation entgegenwirken. Der Übergang von der Periode der Vollbeschäftigung zu der des Ruhens vollzieht sich abrupt, ja brutal auf konventioneller Basis. Mit seiner Verabschiedung wird der alte Mensch ausgegrenzt, und in standardisierten Lobreden wird ihm mitgeteilt, daß er ab sofort nicht mehr gebraucht wird.

Wahn und Angst sind pathologische Ereignisse, die in jedem Lebensabschnitt durchbrechen können. Die Assoziation des Wahns mit der Jugend und der Angst mit dem Alter beruht auf einer Deutung von Beobachtungen, welche angeblich an den Extremen, Anfang und Ende, also Jugend und Alter, gemacht werden. Wahn und Angst sollen dann spezifische Inhalte haben.

Die Unergründlichkeit des sicheren Todes bringt Angst. Die Angst vor und in der Existenz verlegt die Bedrohung durch den Tod in die irreal gewordene Realität. Der Wahn aber verkennt die Realität, oder er deutet sie um. Aus Angst kann Wahn entstehen, wenn man aus der Angst in den Wahn flieht. Der Wahn hat viele Gesichter, darunter Masken der Furcht und Fratzen der Angst. Die Frage, ob Jugendwahn aus existentieller Angst, und Altersangst aus mißglückter Flucht in den Wahn entstehen können, darf gestellt werden.

Das Geburtsdatum bestimmt in der Regel den Zeitpunkt der Pensionierung. Biologisches Altern ist unausweichlich, psychosoziales Altern ist von der Persönlichkeit her steuer- und gestaltbar. Echt „alt“ werden die Menschen, die alt werden wollen. Ihre Beziehung zum Alter ist das Spiegelbild ihrer Beziehung zu Leben und Tod. Man altert, wie man gelebt hat. Dies zeigt sich an den Modellen des Lebens im Alter. So kann der Pensionierte den gewohnten Lebenslauf aufgeben, nur noch seinen biologischen Bedürfnissen entsprechend für die Erhaltung seiner Gesundheit leben, ohne andere Interessen zu haben. Er nimmt das Altern animalisch hin, denn er erträgt die Apathie. Ein anderer widmet sich seiner Familie und der Verwaltung seines Eigentums. Dabei ist er auf Konsum eingestellt, nimmt mit, was geboten wird, und genießt seine Rolle. Diese zwei passiven Altersgruppen grenzen sich selbst aus. Sie werden schnell „alt“.

Anders die aktiv-produktiven Typen. Sie wollen auch im Alter noch gebraucht werden, finden neue Betätigungen, die sie freudig ausfüllen, legen sich freiwillig Zwänge auf und tun, was ihnen Spaß macht. Das Pensionsalter bedeutet Ende der früheren Tätigkeit, um eine neue beginnen zu können im Sinne des „Stirb und Werde“. Noch andere beginnen im Alter überall in Gesellschaft, Politik und Vereinen, oft als unbequeme Kritikaster, mitzumischen, um so Beachtung und Selbstgefühl zu bekommen. Dieser aktive Alterstyp ist zwar manchmal lästig oder unbeliebt, aber irgendwo wird er gebraucht, denn auf dem Boden des Egozentrismus können schöne altruistische Blumen wachsen.

Der Mensch, dem in der Periode höchster Aktivität, also im besten Alter, Erfolgserlebnisse verwehrt bleiben, sehnt sich in seiner Frustration nach einer anderen Lebensart. Er möchte frei sein, keinen fremden Zwängen unterliegen und tun können, was er will. Dieses illusionäre andere Traumleben wird fälschlicherweise als ersehnte Pensionierung gesehen. In Wahrheit ist nicht der Ruhestand, sondern ein anderer Lebensmodus gewünscht, weil der derzeitig gelebte als belastend und frustrierend empfunden wird. Es ist dieser Traumwunsch nach der Pensionierung ein Aussteigen aus dem frustrierenden Lebensstil, um in die Ungewißheit eines anderen einzusteigen, von dem man erwartet, daß er erträglicher sei, weil man von niemandem abhängig ist und nur sich selbst Rede und Antwort zu stehen hat. Sacha Guitry hatte diese Situation erkannt, als er sagte: „Alors, tu ne veux dépendre que de toi-même? Parfait, mais est-ce que tu te rends bien compte de qui tu vas dépendre?“ (Du willst also nur von Dir selbst abhängig sein? Sehr gut, aber legst Du Dir Rechenschaft darüber ab, von wem Du abhängig sein wirst?)

Mit dem Eintritt in den Ruhestand gerät der Mensch in andere als die bisher bekannten Sozialstrukturen. Seine Aktivität ist nicht mehr gefordert. Sie ist sogar unerwünscht, wenn nicht gar verboten. Die Berufsidentität kann sich nicht mehr manifestieren und geht von heute auf morgen verloren. Der Mensch läuft Gefahr, in seiner Existenz keinen Sinn mehr zu finden. Dies ist verständlich, wenn man weiß, daß der Sozialstatus vom Berufsstatus geprägt ist, daß die Sozialidentität an die Berufsidentität gebunden ist. Damit ist das individuelle Machtproblem angesprochen.

Der Beruf verleiht nur so lange Macht, wie er effektiv ausgeführt wird, und nur dann kann er das eigene Sozialverhalten und das der anderen Menschen entscheidend mitgestalten. Die Pensionierung zieht mit dem Verlust des Berufs- und Sozialstatus den Verlust der Macht nach sich. Der Pensionierte kann weder schaden noch nützen, er ist „weg vom Fenster“, wenn nicht gar für die Gesellschaft „gestorben“.

In dieser Situation kann sich rächen, was in der Jugend versäumt wurde. Die Jugend muß jenseits der Vorbereitung auf das reife Alter des Berufslebens von Anfang an auch auf das Leben nach der Ausübung des gelernten

Berufs gerüstet werden. Was in der Lernperiode versäumt wurde, läßt sich später kaum noch nachholen, denn in der Jugend werden die Fundamente der späteren Lebensphilosophie, der Einstellung zu und des Umgangs mit den Werten, welche die Kultur ausmachen, gelegt. Der Frühling benötigt Blumen, damit durch die Früchte im Herbst der Winter erträglicher werde.

Es gilt, die Jugend nicht nur für einen Beruf auszubilden, sondern für das Alter auch zu bilden. Im jungen Alter muß der Mensch mit allen Instrumenten bekannt gemacht werden, die ihm ermöglichen, jenseits seiner Berufstätigkeit erfüllt leben zu können. Allgemeinbildung ist eine absolute Notwendigkeit und darf in keiner Sozialpolitik fehlen. „Nur-Spezialisten" kennen ihr enges Fachgebiet genau und bringen auch hier Höchstleistungen; dafür wissen sie nichts von den Werten der Kultur. Ihre Einstellung ist entsprechend. Sie können nur mit einer Art von Instrumenten umgehen. Sie sind und bleiben „Homines unius libri". Im Alter sind sie in ihrer Spezialität nicht mehr gefragt. Dann stehen sie hilflos, ohne Möglichkeit für einen neuen Start, mitten in einer kalten, abweisenden Welt. Die „Spezialität" war ihr Leben. Nun sind sie tot.

Bildung bedeutet Heranführung an die Gesamtheit des Schönen, Guten und Wahren in Kunst, Literatur und Wissenschaft mit der altruistischen Zielsetzung des vorbehaltlosen Gebens. Die Produktion von „Nur-Spezialisten" zur späteren Ausnutzung ist eine egozentrische, materialistische Schulpolitik, die vielleicht dem Fach, nie aber dem Menschen gerecht wird.

Dem jungen Menschen, der seine Zukunft vorbereitet, sind Grenzen gesetzt. Einmal ist ein Rahmen festgelegt, zum anderen sind die Entwicklungsmöglichkeiten von individuellen und von sozialen Faktoren und Bedingungen abhängig. Soziale Bedingungen sind unberechenbar, und was morgen sein wird, ist, obwohl vorprogrammiert, heute noch nicht faßbar. Auf Vorbilder ist kein Verlaß. Die von gestern haben ins Verderben geführt, und die von heute verlieren immer mehr an Glaubwürdigkeit. Ohne Vertrauen in die Zukunft ist die Jugend ziellos vereinsamt. Erfahrungswerte sind verpönt, da sie ins Negative zeigen.

Das Neue ist bereits in der Konzeption der Veränderung veraltet, bevor es vielleicht realiter auch überholt ist. Von was oder von wem, weiß man nicht.

Die Jugend liebt das Risiko, denn sie kann die Angst noch lustvoll erleben. Der Reiz des Risikos – und das vor dem Jugendlichen liegende Leben ist allemal riskant – beinhaltet auch Lust an der Angst, gepaart mit der Hoffnung ihrer Überwindung. Alte Menschen haben die Kraft zum Risiko, zu der Angstlust, verbraucht oder verloren. Sie haben nur noch Angst.

Es war sicherlich auch die im Risiko gesuchte Lustangst, welche den 19jährigen, noch unerfahrenen Sportpiloten motivierte, nach Moskau zu fliegen und auf dem Roten Platz zu landen. Es mag auch Sehnsucht im Spiel gewesen sein – Sehnsucht nach der Flucht.

Eine Jugend, die dunkel erahnt, daß sie, ohne zu wissen und ohne zu wollen, an einem Start ohne Ziel abgesetzt wurde, daß ihr bereits vor der Geburt der Tod beschert ist, ist wahnhaft gefährdet. Aggression wird materialisiert und umgekehrt: „Macht kaputt, was euch kaputt macht." Aus ihr wächst Angst, die sich zum Wahn auswachsen kann.

Wer Angst hat, will Angst machen. Oder er sucht nach Auswegen.

Dann lockt die Flucht ins Nichts der Drogenparadiese, in die trügerische Geborgenheit und als Meditiation verkleidete Abkapselung der Sekten, oder in aggressiven Satanskult mit seinen angstgeschwängerten, sadomasochistischen, zu „Happenings" gewordenen Gruseldemonstrationen. In offiziellen Einladungen zu Heavy- oder Black Metal-„Konzerten" wird Blut und Satanisches in Aussicht gestellt: „Wenn ihr blutgeil seid, müßt ihr auf unser nächstes ‚Slaughter in Hell-Konzert' kommen." „Wir zerreißen Kreuze und blutige Köpfe auf der Bühne, erschießen Mönche und Jesus Christus."

Die „Rolling Stones" ließen ihr bekannt gewordenes Altamonter Konzert bereits 1969 von den „Hell's Angels" bewachen und hatten Titel wie „Their Satanic Majesties Request". In anderen „Konzerten", auch der Gruppe „Judas Priest", werden Titel wie „The number of the Beast 666", „Black Magic", „Sympathie for the devil" usw. mit

Texten wie „Satan – Er ist Gott", „Ich liebe es, meine Gegner abzustechen" etc. geboten.

Rockgruppen bringen durch derartige, von rhythmisierter Lärmgleichschaltung begleitete Texte Jugendliche in Extase, die in Wahrheit eine Flucht ist. Die Flucht kann in einem wahnverwandten Niemandsland enden, in dem nur Giftpflanzen blühen.

Es kann keinen Anfang ohne Ende geben, und die Zeit läßt sich weder bestechen noch erpressen. Ein Vorwärts in die Vergangenheit als Evolution in die Regression ist dem Wahn oder der Verzweiflung nahe.

Im Jugendwahn hat manche Altersangst ihre Wurzeln.

Die Natur läßt sich nicht ungestraft von den Menschen vergewaltigen. Sie rächt sich. Vielleicht sind Wahn in der Jugend und Angst im Alter Früchte dieser Rache.

Ursula Lehr

Isolation und Einsamkeit im Alter – Dichtung und Wahrheit

1. Einsamkeit mit Unterbrechung: ausgegrenzt – eingespannt – ausgegrenzt

Als die Veranstalter dieser Gesprächsreihe sich für die Thematik „Jugendwahn und Altersangst" entschieden und den Untertitel „Einsamkeit mit Unterbrechung: ausgegrenzt – eingespannt – ausgegrenzt" hinzufügten, waren sie offenbar am gesamten menschlichen Lebensablauf orientiert: Das Individuum, das – besonders in einer angeblich kinderfeindlichen Welt – zumindest als Kind ausgegrenzt ist, dessen Stellung als Jugendlicher in unserer Gesellschaft und zu unserer Zeit nicht klar definiert ist und zwischen Ausgrenzung und Eingespanntsein hin und her pendelt, erlebt allgemeinen Annahmen zufolge im mittleren Erwachsenenalter eine Zeit des Eingespanntseins, des Gefordertwerdens, des Konfrontiertwerdens mit wichtigen Lebensaufgaben im privaten, familiären, beruflichen und gesellschaftlichen Bereich. Das Älterwerden wiederum glaubte man durch eine zunehmende Ausgrenzung von der Familie, vom Beruf, von der Gesellschaft bestimmt zu sehen – eine Ausgrenzung, die (um den vorgegebenen Titel aufzugreifen) zur Einsamkeit führt.

Derartige schematische Darstellungen des Lebensablaufs, die einem Modell des krisenhaften Werdens und Vergehens, einem Auf und Ab der Lebenskurve entsprechen, Darstellungen, die von einem „entwicklungsbedingten Zu- und Abnehmen, vom Steigen oder Fallen, vom Zuwachs oder Rückgang" ausgehen (vgl. auch *Undeutsch*, 1959, S. 79) und das eigentliche erfüllte Leben zwischen einer Phase des „noch nicht" und des „nicht mehr" Integriertseins in die Gesellschaft sehen, mögen zwar einem menschlichen Ordnungsbedürfnis entsprechen, werden jedoch der Entwicklung des Individuums, dem Werden der Person, keinesfalls gerecht. Untersuchungen zeigen sehr deutlich: Kindheit und Jugend müssen keineswegs Ausgrenzung und Einsamkeit bedeuten; die mittlere Lebensphase ist nicht immer durch Integration oder auch „Eingespanntsein“ (warum eigentlich nicht die positivere Bezeichnung des „Getragenwerdens“?) gekennzeichnet, – und das Alter wird nur von wenigen Menschen als Ausgegrenztsein, als Einsamkeit erlebt.

Mit anderen Worten: Biographische Studien zeigen, daß in jeder Lebensphase sowohl Ausgrenzungen und Einsamkeit als auch Eingespanntsein, Getragensein, Integration erlebt werden können. Nicht das Lebensalter oder der Entwicklungsstand sind entscheidend für Einsamkeitsgefühle, sondern Persönlichkeitsmerkmale und davon abhängige – wie auch durch die soziale Umwelt mitbeeinflußte – Reaktionsweisen des Einzelnen auf spezifische Lebenssituationen.

Eine weitere differenzierende Vorbemerkung scheint mir notwendig: Die Etikettierung „ausgegrenzt – eingespannt – ausgegrenzt“ betrachtet den Menschen als passives, allein von der Gesellschaft und ihren Erwartungen und Maßnahmen gelenktes Wesen. Wir wissen jedoch, daß der Mensch schon von frühester Kindheit an auch aktiv Handelnder ist und auch von sich aus auf das Verhalten seiner mitmenschlichen Umwelt einwirkt. Die sehr umfangreiche Sozialisationsforschung hat längst konstatieren müssen, daß sogar schon das Kleinkind selbst das Verhalten der Umwelt ihm gegenüber mitbestimmt.

In unserem Zusammenhang taucht somit die Frage auf, inwieweit es sich bei manchen Personen um ein passives Ausgeliefertsein den gesellschaftlichen Entwicklungen gegenüber handelt oder auch um eine jeweils selbst gewollte und selbst herbeigeführte Ausgrenzung. (Dies mag freilich für den familiären Bereich in stärkerem Maße zutreffen als für den beruflichen Bereich.) Wir wissen, daß Ausgrenzung, Einsamkeit manchmal geradezu gesucht wird und häufig auch positiv erlebt wird – um „zu sich selbst zu kommen“, um sich „über gewisse Probleme klar zu werden“, um „seine Identität zu finden“ –, wie es eine Vielzahl jugendpsychologischer Studien zeigt. Nicht von ungefähr spricht Eduard *Spranger* in seiner klassischen

Darstellung des Jugendalters von einer „Entdeckung des Ichs“, Oswald *Kroh* von einer „Wendung nach Innen“; Erik *Erikson* betont die „Suche nach Identität“ und *Debesse* sieht die „Originalitätskrisen“ der Jugendlichen als bewußte und gewollt herbeigeführte Absonderung und Ausgrenzung von der übrigen Gesellschaft, um im Kreise weniger Gleichaltriger die notwendige innere Sicherheit und dann die Durchsetzungsfähigkeit nach außen zu erlangen. Dies sind nur einige Beispiele selbst gesuchter Ausgrenzung oder – vor allem bei *Spranger* und *Kroh* – selbst gesuchter und geradezu herbeigesehnter positiv erlebter Einsamkeit im Jugendalter.

Beispiele für eine selbst gesuchte Ausgrenzung und Einsamkeit im Erwachsenenalter findet man in den vielen „Aussteiger-Schicksalen“, die zeigen, wie erfolgreiche Manager, Geschäftsleute, Direktoren großer Betriebe oder auch mancher Handwerker und manche Hausfrauen ein neues Leben in der Einsamkeit fern jeder Zivilisation beginnen. – Auch Mönche und Nonnen würden sich mit Recht dagegen wehren, als „ausgegrenzt“ betrachtet zu werden; sie haben sich ihre Ausgrenzung und Einsamkeit selbst gesucht und erleben sie – vielleicht von einigen wenigen Ausnahmen abgesehen – gewiß als positiv.

Auch im höheren Alter findet man bei bestimmten Personen den Wunsch nach Alleinsein, nach Einsamkeit und Ruhe – vor allem nach Zäsuren im Lebenslauf wie z.B. nach der Pensionierung (*Lehr*, 1972; *Dreher*, 1970) oder auch nach der Verwitwung (*Stappen*, 1987) –, wenngleich die Disengagementtheorie (*Cumming* u. *Henry*, 1961), die eine höhere Zufriedenheit bei stärkerer sozialer Ausgrenzung postuliert und eine geringe Zufriedenheit im Alter bei starker sozialer Einbindung, durch empirische Studien nicht bestätigt werden konnte (vgl. *Lehr* und *Minnemann*, 1987).

Mir kam es einleitend darauf an, folgendes klarzustellen:

1. Es gibt zumindest keine generelle Altersabhängigkeit von Ausgrenzung und Eingespanntsein,
2. Ausgrenzung und Eingespanntsein ist nicht nur als

passiv erduldet zu sehen, sondern auch als aktiv selbst herbeigeführt; – und somit kann

3. Ausgrenzung (und Einsamkeit) auch positiv und Eingespanntsein (fehlende Ausgrenzung, fehlende Einsamkeit, Integration) auch negativ erlebt werden. Einsamkeit kann für den einen Fluch, für den anderen Segen bedeuten.

2. Ausgrenzung und Isolation im Alter – ein Zeichen unserer Zeit?

„Wenn ich 60 bin, ... dann habe ich Angst: dann möchte ich nicht mehr leben! Dann habe ich Angst, einsam zu sein, allein zu sein. Keiner will mich mehr. Ich möchte dann nicht meiner Familie zur Last fallen. Ich bin dann allein. Ich habe keinen, der mich besucht. Ich bin allein – und das Alleinsein ist furchtbar."

So schreibt eine 14jährige Schülerin in einem Aufsatz zum Thema „Wenn ich 60 bin, dann ..." und bringt damit zum Ausdruck, was heute der Vorstellung vieler Menschen entspricht: „alt" und „einsam" sind zwei Worte, die unbedingt zusammengehören. „Vergeßt die armen, einsamen Alten nicht und spendet für das Weihnachtslicht" – so kann man es alljährlich zur Weihnachtszeit in manchen Tageszeitungen tagtäglich lesen –, ein sicher wohlgemeinter Aufruf, der jedoch das Bild des armen, einsamen Alten in der Vorstellung vieler Menschen noch verfestigt. „Arm, alt und einsam", das sind Klischees von einer Lebensphase, die wir alle einerseits zu erreichen versuchen, die aber andererseits vielen Menschen heute eine gewisse Angst einjagt: Alt werden wollen die meisten; alt sein hingegen nicht.

Warum eigentlich nicht? Weil man – fälschlicherweise – das Alter nur negativ als Abbau und Verlust, als Isolation und Einsamkeit sieht. Ist die Ausgrenzung alter Menschen ein typisches Phänomen moderner Industriegesellschaften? Waren alte Menschen früherer Zeit nicht auch oft ausgegrenzt und einsam – und leiden viele alte Menschen unserer Zeit überhaupt unter Einsamkeit? Und übersehen wir nicht manchmal eine Einsamkeit in der Phase des „Eingespanntseins“, im mittleren Lebensalter? – Fragen, denen nachgegangen werden sollte.

2.1 *Ausgrenzung, Isolation und Einsamkeit – epochale Aspekte*

Gewiß, mit der Industrialisiererung haben sich gesellschaftliche Wandlungen vollzogen, die die Stellung des alten Menschen in der Gesellschaft veränderten und die die Annahme einer zunehmenden Ausgrenzung und Isolation nahelegen. Solange die Familie noch Produktionsgemeinschaft war, war ein ständiges Zusammensein und Zusammenwohnen aller Familienmitglieder selbstverständlich. Die Auflösung der Familie als Produktionsgemeinschaft bewirkte zumindest eine Veränderung in der Häufigkeit familiärer Sozialkontakte: Der Mann, der Vater, die erwachsenen Söhne verbrachten den Tag außerhalb. Begann hiermit eine Vereinsamung der Frau?

Man beobachtete außerdem einen Wandel von der Großfamilie zur Kleinfamilie. Die Kinderzahl sank, zumal Kinder ja nicht mehr als billige Arbeitskräfte einzusetzen waren, Kinder nicht mehr für die Alterssicherung ihrer Eltern sorgen mußten – zumal die Kinder ihre „Instrumentalität“ verloren hatten (übrigens ein Grund neben anderen für den starken Geburtenrückgang). Man beobachtete eine Lockerung familiärer und verwandtschaftlicher Bande, die ja nun nicht mehr durch die Produktionsgemeinschaft verstärkt wurden. Vor allem aber änderte sich die Stellung des älteren Menschen in der Familie, in der er ja nun seine Funktionen verloren hatte. Er wurde nicht mehr gebraucht. Der heute viel beklagte Rückgang der Dreigenerationenfamilie hat hier seine Wurzeln.

Doch hüten wir uns vor einer Glorifizierung der früheren Großfamilie, die manch ein Politiker sich heute wieder herbeiwünscht, um die etwa anfallenden Pflegekosten zu minimieren.

Zunächst einmal: Ganz so harmonisch ist das Bild der vereinten Großfamilie früherer Zeiten, wie wir es auch in vielen Gemälden niederländischer Meister des 17. Jahrhunderts finden – erinnert sei an die Gemälde von *Brouwer* (1605–1638), von Adriaen van *Ostade* (1610–1684) oder von Jan *Steen* (1626–1679) – gewiß nicht immer gewesen. Ausgrenzung des Alters, Isolation und Einsamkeit muß es aber auch noch zu Gebrüder *Grimms* Zeiten gegeben haben: Die Verbannung auf das Altenteil, die Ausgrenzung vom Familienmittagstisch – wie uns das Märchen von dem holztrog-schnitzenden Enkel belehrt – war gewiß keine Ausnahmesituation.

Erinnert sei auch an das Märchen von den Lebensaltern, dem zufolge der Mensch ursprünglich vom Schöpfer nur 30 Jahre zugestanden bekam, sodann aber von Esel, Hund und Affen zusätzliche Jahre „geschenkt" erhielt. Danach habe der Mensch nur die ersten 30 Jahre wirklich zu eigen und kann hier tun und lassen, was er will; die nächsten 18 Jahre muß er sich „placken wie ein Esel"; dann liegt er – dem Märchen zufolge – wie ein alter Hund knurrend in der Ecke (also „ausgegrenzt"), und wenn es ihm vergönnt sein sollte, noch länger zu leben, werde er ab 60 „närrisch wie ein Affe" und als solcher gewiß nicht eingespannt, sondern eher ausgegrenzt von der menschlichen Gesellschaft. – Die Ausgrenzung des Alters, die Isolation und Einsamkeit findet man in Märchen häufiger. *Schenda* (1975) spricht beispielsweise von der „Sozialleiche" im Hinblick auf Rotkäppchens Großmutter, die als pflegebedürftige Alte in den Wald abgeschoben wurde.

Diese knappen Hinweise mögen genügen, um einer Idealisierung der „guten alten Zeit" im Hinblick auf die Integration des Alters doch mit einiger Skepsis zu begegnen.

Außerdem bedenke man, daß in früheren Jahrhunderten nur ein geringer Prozentsatz der Bevölkerung das Alter jenseits der 60, 70 oder gar 80 erreichte. Alter hatte damals Seltenheitswert und erfuhr schon deswegen eine besondere Beachtung und Würdigung. Man schaute einem hohen Alter nicht mit Ängsten, sondern mit freudiger Erwartung entgegen, zumal es einem besondere Rechte einräumte: Es waren die Alten, denen früher – und heute noch in manchen Völkern der Dritten Welt – belehrende, heilende und richterliche Funktionen zugesprochen wurden. Es waren die Alten, die Rat erteilten – der auch gehört wurde; heute hat unsere Zeit die Ratgeber zu den zu Beratenden gemacht, wie die enorm anwachsende Ratgeberliteratur für das Seniorenalter nur allzu deutlich werden läßt. Seltenheitswert – das mag heute noch (aber gewiß nicht mehr lange) für die Hundertjährigen und Älteren zutreffen, von denen es 1939 in unserem Lande nur 16 gab, 1970 schon 385, 1980 aber schon 1 090 und 1986 bereits 2 016 (396 Männer und 1 620 Frauen, denen unser Bundespräsident zum über 100. Geburtstag gratulierte). Man rechnet damit, daß um die Jahrtausendwende – also in 13 Jahren – in der Bundesrepublik 10 000 Menschen leben werden, die dann im „vorletzten Jahrhundert" geboren worden sind, deren Geburtsjahrgang 1890 f. ist (*Rückert*, 1987). Der 100. Geburtstag verliert damit an Seltenheitswert und an Sensationsgehalt. Die neue Sensation liegt höchstens darin, daß so viele Menschen so sehr alt werden. Tatsache ist, daß der heute 70- und 80jährige noch mit weit mehr Menschen seiner Geburtsjahrgänge dieses Lebensalter erlebt, als es noch zu Beginn unseres Jahrhunderts der Fall war. Doch die Existenz vieler Gleichaltriger führt offenbar bei der heutigen älteren Generation (vielleicht im Gegensatz zu den älteren Generationen von morgen und übermorgen) nicht zu verstärkten Kontakten und Zusammenschlüssen – wie wir sie beispielsweise in den Vereinigten Staaten und auch in skandinavischen Ländern finden.

Doch wir haben zu differenzieren: Älterwerden ist heute gewiß in vieler Hinsicht anders als noch zu Zeiten unserer Großeltern und Urgroßeltern. Aber wir können

1. nicht generell von einer stärkeren Ausgrenzung der älteren Generation sprechen – und
2. schon gar nicht von einer durch die Familie aufgezwungenen Ausgrenzung.

Zumindest haben wir hier zu unterscheiden zwischen der Situation älterer Menschen im familiären Bereich – in dem man zu Unrecht eine Ausgrenzung Älterer geradezu anprangert – und der Situation im beruflichen Bereich – in dem man eine Ausgrenzung geradezu als „Geschenk" für den älteren Menschen zu verkaufen sucht und zumindest in unserem Lande als Errungenschaft des Wohlfahrtsstaates anpreist (während z.B. in den USA die Gewerkschaften erfolgreich für eine Aufhebung jeder Altersgrenze gekämpft haben). Es scheint so, als habe die berufliche Ausgrenzung einen Ausstrahlungseffekt und begünstige eine weitere Ausgrenzung im gesellschaftlichen Bereich.

Wir haben weiterhin zu unterscheiden zwischen „Isolation" und „Einsamkeit". Manch einer ist objektiv isoliert, hat wenige Sozialkontakte, fühlt sich aber keineswegs einsam. Manch ein anderer hingegen ist objektiv gar nicht isoliert, kommt täglich mit vielen Menschen zusammen, fühlt sich aber dennoch einsam. So haben Untersuchungen festgestellt: Einsamkeit ist einmal eine Funktion der Erwartungshaltung, sodann aber auch eine Funktion der Langeweile aufgrund fehlender Interessen und Aufgaben wie auch aufgrund fehlender Rhythmisierung des Tages- und Wochenablaufs (vgl. *Lehr*, 1987).

2.2 Die familiäre Situation älterer Menschen heute – Dichtung und Wahrheit

Die Familie im epochalen Wandel ist charakterisiert

- durch Funktionsverluste, der jedoch auch Funktionsgewinne gegenüberstehen (vgl. *Lehr* 1982);
- durch einen Wandel von der „Großfamilie" zur Kernfamilie;
- durch einen Wandel von der Mehrkinderfamilie zur Ein- und Zweikinderfamilie;
- durch zunehmende Scheidungshäufigkeit auch sog. „Altehen" und die Zunahme sog. „alternativer" Familienformen;
- durch zunehmende Mobilität der einzelnen Familienmitglieder;
- durch das Zusammenleben (nicht Zusammenwohnen) von 4, ja sogar 5 Generationen;

- durch den Rückgang der Dreigenerationen- und auch der Zweigenerationenhaushalte;
- durch einen Trend zunehmender Singularisation, der zweifellos Auswirkungen auf die Situation des älteren Menschen in der Familie haben wird.

Allzuleicht neigt man heute dazu, vom Rückgang der Dreigenerationenhaushalte ausgehend eine Isolation und Einsamkeit des älteren Menschen abzuleiten und dafür Egoismus und Eigensucht der herangewachsenen Kinder verantwortlich zu machen. – Das ist eine falsche Sicht. Nicht die Kinder „grenzen" die alten Eltern aus, sondern die alten Eltern ziehen zum überwiegenden Teil von sich aus das Alleinwohnen vor.

Gewiß, Dreigenerationenhaushalte werden immer seltener – trotz aller politischen Maßnahmen und Bemühungen. Waren 1972 noch 3,3 % aller 23 Millionen Haushalte in unserem Lande Dreigenerationenhaushalte, so sind es 1982 nur 1,9 % gewesen. In der Gruppe der über 65jährigen lebten 1982 4,35 % in Dreigenerationenhaushalten, 10,2 % in Zweigenerationen-Haushalten. 41 % der Menschen dieser Altersgruppe lebten mit dem Partner zusammen, also in Eingenerationen-Haushalten, und weitere 39,3 % der über 65jährigen lebte in Einpersonen-Haushalten.

Hier wäre allerdings auf interessante Unterschiede zwischen Männern und Frauen hinzuweisen:

Es lebten

von den 60–65jährigen 30 % der Frauen und 7 % der Männer,
von den 65–70jährigen 43 % der Frauen und 10 % der Männer,
von den 70–75jährigen 53 % der Frauen und 14 % der Männer,
von den über 75jährigen 61 % der Frauen und 22 % der Männer

in Einpersonen-Haushalten.

Doch Untersuchungen belegen ganz eindeutig: Das Wohnen in Einpersonen-Haushalten ist genausowenig ein Garant für Isolation oder gar Einsamkeit wie das Wohnen in einem Mehrpersonen-Haushalt ein Garant gegen Isolation und Einsamkeit ist.

Zunächst ist festzustellen, daß der Wunsch nach getrennten Wohnungen primär von den alten Eltern ausgeht, seltener von der jüngeren Generation, welche die Älteren heutzutage keineswegs ausgrenzt. Der Wunsch älterer Menschen nach verstärkter familiärer Einbindung, nach verstärkten Kontakten zu den eigenen Kindern ist nach unseren Untersuchungen, aber auch nach den Ergebnissen vieler internationaler Studien gegeben

1. bei gestörter Partnerbeziehung;
2. beim Fehlen außerfamiliärer Kontakte;
3. bei einem eingeschränkten Interessenradius, geringer geistiger Aktivität und Erleben von Langeweile;
4. bei gestörtem gesundheitlichen Wohlbefinden, bei Hilfsbedürftigkeit;
5. bei finanziellen Belastungssituationen;
6. bei ausschließlich familienzentrierten Frauen, bei denen die Kinder der „einzige Lebensinhalt“ waren.

Insgesamt ist festzustellen, daß eine sehr starke Zuwendung zu den Kindern eher einem defizitären Alterserleben bzw. einer defizitären Lebenssituation entspringt, die man nicht als „Normalfall“ betrachten sollte – und die man erst recht nicht zum „Idealfall“ hochstilisieren sollte. Bei kompetenten Betagten (und das ist die Mehrheit aller über 60jährigen, aber auch aller über 80jährigen), d.h. bei jenen, die ohne größere gesundheitliche und finanzielle Einschränkungen ihren Alltag noch selbständig meistern können, die ihren Tagesablauf als abwechslungsreich erleben, die viele Interessengebiete haben, geistig aktiv und leicht anregbar sind, die eine positive und weitreichende Zukunftsorientierung haben, die – auch als Frau – außerhäusliche Aufgabengebiete und vor allem auch Sozialkontakte pflegen, findet sich eine geringe Eltern-Kind-Interaktion bei sehr signifikant höherer Zufriedenheit in diesen

Rollen. Sie fühlen sich keinesfalls aus dem Familienverband ausgegrenzt und leiden keineswegs unter Einsamkeit (vgl. *Lehr*, 1987).

Der bei dieser Gelegenheit häufig erfolgende Hinweis auf die vielen Menschen, die den letzten Abschnitt ihres Lebens in Alten- und Pflegeheimen verbringen, ist zu relativieren. Gewiß, es gibt alte Menschen, die in Heimen oder auch in ihren Wohnungen relativ isoliert sind, doch diese Menschen sind vielfach nicht aus ihrer Familie ausgegrenzt, sondern sie hatten gar keine Familie gehabt. Gerade in der Gruppe der heute über 60jährigen ist der Anteil jener, die nie Kinder gehabt haben, recht hoch: Es sind die Jahrgänge, die den Freund, Verlobten oder frischangetrauten Ehemann im Krieg verloren haben; ihnen war es nicht vergönnt, eine Familie zu gründen – und nicht etwa Egoismus, den man heute global gerne den Kinderlosen vorwirft. – In der Gruppe der heute über 80jährigen finden sich viele Menschen, die ihre Söhne und manchmal auch Töchter im 2. Weltkrieg verloren haben.

Außerdem sollte man bedenken, daß nur ein relativ geringer Anteil der älteren Bevölkerung in Heimen wohnt oder gar pflegebedürftig ist. Hier geistern bei uns in der Öffentlichkeit falsche Zahlen herum, die sich zum Nachteil für alle Älterwerdenden auswirken. Von der Gruppe der

60–70jährigen sind 0,9 % pflegebedürftig, 0,6 % in Heimen,
70–80jährigen sind 8,2 % pflegebedürftig, 2,4 % in Heimen,
80–90jährigen sind 18,9 % pflegebedürftig, 10,2 % in Heimen,
über 90jährigen sind 18,9 % pflegebedürftig, 21,6 % in Heimen.

Das heißt andererseits, daß von allen 60–70jährigen noch 98,5 %, von allen 70–80jährigen noch 89,4 % und von allen 80–90jährigen noch 70,7 % kompetent sind und ihren Alltag in ihrer Wohnung alleine meistern. Selbst in der Gruppe der über 90jährigen sind es noch 59,5 %, also fast zwei von drei Hochbetagten, denen eine Kompetenz im

Alltag nicht abzusprechen ist. Sicher ist bei vorhandener Pflegebedürftigkeit die Gefahr der Isolation und Vereinsamung größer – wenn auch nicht unabwendbare Begleiterscheinung. Andererseits findet sich Isolation und Einsamkeit auch bei Personen, die noch kompetent ihren Alltag meistern, allerdings auch schon bei 20-, 30-, 40- und 50jährigen.

Einsame alte Menschen waren, wie viele Untersuchungen zeigten, auch schon als Jugendliche und junge Erwachsene einsam. Auf andere Menschen zugehen zu können, Kontakte zu stiften und Kontakte zu pflegen ist ein Persönlichkeitsmerkmal, das sicher auch zu einem geringen Teil anlagebedingt ist, das aber im wesentlichen schon in früher Kindheit geprägt wird und durch lebenslange Erfahrungen im Umgang mit anderen Menschen seine spezifische Ausprägung erhält.

Eine spezifische Form der Einsamkeit im Alter findet sich vor allem bei Frauen, deren letztes Kind das Elternhaus verläßt. Die vorwiegend amerikanische Literatur zur sog. „empty nest situation" ist sehr umfangreich und zeigt – wie auch vereinzelte deutsche Studien (vgl. *Fahrenberg*, 1986) –, daß vor allem ausschließlich familienzentrierte Mütter (also jene, die weder berufstätig sind noch andere außerhäusliche Aufgaben in der Pfarrei, Gemeinde, in der Partei, in sozialen oder kulturellen Einrichtungen oder Verbänden haben) besonders unter Einsamkeit leiden. – Eine weitere spezifische Form der Einsamkeit und Niedergeschlagenheit findet sich nach der Verwitwung, besonders wenn der Tod des Partners nicht antizipiert werden konnte, wenn eine mehr traditonelle Ehe mit geringer Eigenständigkeit beider Partner geführt wurde und wenn die Partnerschaft eher als disharmonisch erlebt wurde – während eine harmonisch erlebte „gelungene" Partnerschaft wider Erwarten weniger Einsamkeitsgefühle aufkommen läßt (*Stappen*, 1987).

Insgesamt muß jedoch festgestellt werden, daß eine familiäre Ausgrenzung nicht als typisch für den älteren Menschen unserer Zeit angesehen werden kann. Wenn im Vergleich zu früher auch die Quantität familiärer Kontakte nachgelassen haben mag, so hat die Qualität familiärer

Interaktion eher eine Steigerung erfahren. Dort, wo Familie vorhanden ist, ist ein größeres Vertrauensverhältnis, größere Innigkeit feststellbar. Kontakte und Interaktionen werden weniger durch eine gegebene Abhängigkeit bestimmt als durch freiwillige spontane Zuwendung.

2.3 Die Ausgrenzung älterer Menschen aus dem Berufsleben

Während wir eine familiäre Isolation alter Menschen eher als „Dichtung" zurückweisen müssen und eine familiäre Integration eher der „Wahrheit" entspricht, verhält es sich im beruflichen Bereich nahezu umgekehrt: Hier ist die altersbedingte Ausgrenzung für viele Menschen bittere „Wahrheit", und die durch die erhöhte Lebenserwartung „gewonnenen Jahre" (*Imhof*, 1981) werden manche in den Bereich der „Dichtung" verweisen – andere jedoch durchaus als Realität genießen.

Das Ausscheiden aus dem Arbeitsleben aus Altersgründen ist ein Phänomen unserer Zeit. In der vorindustriellen Gesellschaft war auch für den alten Menschen immer Arbeit da, selbst wenn die körperliche Schwerarbeit des Mähens und Pflügens dann durch eine leichtere des Kühe- und Gänsehütens abgelöst wurde – ein Beispiel eines „gleitenden Übergangs aus dem Arbeitsleben". Der ältere Mensch wurde keinesfalls ausgegrenzt, er hatte Funktionen, wurde gebraucht bis zum Tode, wurde geachtet und geehrt. – Historische Betrachtungen von Arbeit und Alter zeigen, daß es bis ins 19. Jahrhundert hinein keine durch das Lebensalter bestimmte „Altersgrenze" gab. Ein Ausscheiden aus dem Berufsleben erfolgte höchstens aus Krankheitsgründen. Mit der Einführung einer an eine feste Altersgrenze gebundenen Alterssicherung erfolgte nach diesen historischen Forschungen (*Haber*, 1983) eine Abwertung und Ausgrenzung aller älteren Menschen.

Eine an ein fixiertes Lebensalter gebundene Verrentungsgrenze geht von einem generellen Altersabbau von Fähigkeiten und Fertigkeiten aus und entspricht dem von der Wissenschaft längst widerlegten Defizitmodell des

Alterns (vgl. *Lehr*, 1972, 1984; *Baltes* u. *Schaie*, 1976; *Baltes*, 1984; *Thomae* u. *Maddox*, 1982; *Kruse*, 1987). – Als unter *Bismarck* 1889 in Deutschland die Alterssicherung zunächst für den Arbeiter, 1913 auch für den Angestellten eingeführt wurde, wurde die Altersgrenze bei 70 Jahren festgelegt (in einer Zeit, in der nur 2 % der deutschen Bevölkerung zu den über 70jährigen gehörte), 1916 wurde sie auf 65 Jahre herabgesetzt.

Heute, bei einem weit besseren Gesundheitszustand als ihn der Gleichaltrige vor 100 oder auch vor 50 Jahren hatte, heute, bei einer weit höheren durchschnittlichen Lebenserwartung, erfolgt diese Ausgrenzung aus dem Berufs- und Arbeitsleben zu einer Zeit, zu der der „Ruheständler" (Ruhestand, eine schreckliche Bezeichnung, die nur durch den Begriff der „Ruhelage" noch zu überbieten ist) noch ein Viertel seines Lebens vor sich hat. Von einer Funktionslosigkeit und damit Wertlosigkeit des älteren Menschen im Beruf scheinen heute viele Personalräte in Wirtschaft und Verwaltung überzeugt, wenn sie schon 58jährigen ein frühes Berufsende nahelegen. Freilich steht dahinter die Arbeitslosenproblematik, die man auf diese Weise zu bekämpfen sucht – doch dies ist eine Kalkulation, die nicht ohne weiteres aufgeht. Eine Vielzahl von Studien hat eindeutig den Beruf und das berufliche Umfeld als „Trainingsfaktor" zur Erhaltung der geistigen und körperlichen Fähigkeiten nachgewiesen. Hier wird der Mensch in vielen Funktionen gefordert. Wir wissen heute, daß Funktionen, die nicht gebraucht werden, verkümmern. Was rastet, das rostet. Freilich, eine Überforderung schadet – aber eine Unterforderung genauso. Der ältere Mensch, der nicht gefordert und gefragt wird, der keine Aufgabe mehr hat, der „ausgegrenzt" wird, zieht sich zurück. Es kommt so zu einer Reduzierung körperlicher Aktivitäten, seelisch-geistiger Aktivitäten und sozialer Aktivitäten. Man erhält so immer weniger Anregung und baut ab, wird schließlich krank. – So wage ich die herausfordernde Formulierung: Eine mehr oder minder zwangsweise Verkürzung der Lebensarbeitszeit, eine Ausgrenzung aus dem Berufs- und Arbeitsleben gegen den Willen des Älteren, ist die teuerste Form der Arbeitsplatzbeschaffung: Man spart zwar (vielleicht) Arbeitslosengeld, erhöht aber nicht nur die Rentenausgaben, sondern belastet zudem auch den Gesundheits- und Sozialetat, wenn der ausgegrenzte Ältere vorzeitiger hinfällig wird als der auch im beruflichen Bereich Integrierte.

Freilich, es gibt gewiß Menschen, denen gereicht der vorzeitige Ruhestand zum Wohle, führt zu einer erhöhten Lebensqualität. Denen sollte man ein frühzeitiges Berufsende (warum nicht sogar ab 50?) durchaus ermöglichen. Aber wir müssen auch Untersuchungsergebnisse wahrnehmen, denen zufolge eine gar nicht so geringe Gruppe älterer Menschen gerne bis 65, 68, 70 Jahre und vielleicht auch darüber hinaus weiterarbeiten möchte und aufgrund ihrer körperlichen und geistigen Verfassung auch könnte – es muß sich ja nicht unbedingt um einen 8-Stunden-Tag oder gar eine 40-Stunden-Woche handeln. Diese Menschen würde eine Ausgrenzung in die Isolation treiben. Unsere Untersuchungen zeigten, daß das Berufsende mit weniger Problemen verbunden ist und die Anpassung an die neue Lebenssituation gemeistert wird von jenen,

- die wenig berufliches Engagement an ihrer Tätigkeit entwickeln konnten,
- deren körperliche und geistige Leistungsfähigkeit bereits Einbußen erlitten haben,
- denen die familiäre Situation neue Aufgaben stellt und in jeder Hinsicht anregend ist,
- die ausgepägte Freizeitinteressen entwickeln konnten und
- auch anderweitige außerfamiliäre Aufgabenbereiche (Aktivitäten in Vereinen, Clubs, in Pfarrei, Gemeinde, Partei u. dergl.) haben –
- und schließlich auch von Personen, die zur Schwarzarbeit greifen.

Die Ausgrenzung aus dem Berufsleben bedeutet somit für manch einen eine große Chance, nach einem neuen Start ein neues Leben zu beginnen. Doch für viele Menschen bedeutet der (vorzeitige) Ruhestand eher eine Minderung der Lebensqualität, Isolation und Einsamkeit. Gewiß,

Freizeit, Ferien sind etwas Erstrebenswertes, solange man in den beruflichen Alltag eingespannt ist; sie büßen jedoch zumindest an Reiz ein, wenn sie immer zur Verfügung stehen und „Frei-Zeit“ nicht mehr von Arbeit und Verpflichtung freie Zeit bedeuten.

Oft wirft man gerade den heutigen Endfünfzigern und Sechzigern übertriebenen Arbeitseifer vor und klagt sie geradezu an, weil sie Arbeit und Beruf zum Mittelpunkt ihres Lebens machten. Doch seien wir nicht unfair. Diese Gruppe, die Geburtsjahrgänge 1922–1928, waren bei Kriegsbeginn 11 bis 17 Jahre alt. Sie machten in der sog. „goldenen Jugendzeit“ die Erfahrung von Luftschutzkellern, Bombenhagel, Flak-Einsatz, Kriegsdienstverpflichtung, Fronteinsatz und Gefangenschaft. Die Nachkriegszeit war vom „Kampf ums Überleben“ bestimmt: Flüchtlingsprobleme, Wiederaufbau und Hamsterfahrten über Land prägten bei einem sehr großen Teil dieser Generationen die sog. „goldene Jugendzeit“. Die Entwicklung von Hobbies und Interessen (vom Tennisspielen bis zum Volleyball, vom Skifahren bis zum Reit- oder Fechtkurs, vom Musikunterricht bis zu Galeriebesuchen) war in dieser Zeit für diese Generation nicht möglich – im Gegensatz zu der mehr freizeitorientierten Generation der 50iger und 60iger Jahre, die jedoch kaum als 60jährige im Jahr 2010 oder 2020 aus dem Berufsleben wird ausscheiden können (dann jedoch auf das einmal eingeführte Recht der Frühpensionierung pochen wird).

Das Studium der Biographien der genannten Jahrgänge bis 1928 läßt außerdem deutlich werden, daß die wenigsten der heute 59jährigen und älteren damals einen Beruf entsprechend eigener Wunschvorstellungen ergreifen oder in dem bereits vor dem Krieg erlernten Beruf weiterarbeiten konnten. Man nahm in dieser Nachkriegszeit jeden Beruf an, den man bekam. Da wurde nicht nach freien Samstagen, nach Arbeitszeitbeginn und Arbeitszeitende (keinesfalls nach 17.00 Uhr) gefragt, und weite beschwerliche Wege zur Arbeitsstätte (bei damals extrem schlechten Verkehrsbedingungen, zerstörten Brücken und dergl.) wurden selbstverständlich in Kauf genommen. Der ursprünglich ungewollte und unerwünschte Beruf wurde sehr oft mit der Zeit akzeptiert; man hat etwas daraus gemacht, hat sich engagiert, eingesetzt – auf Kosten der Freizeit – und soll jetzt seinen Beruf deswegen aufgeben, ausgegrenzt werden, weil manche Jugendliche von heute ihren Wunschberuf nicht ergreifen können und zu einem Teil deswegen arbeitslos bleiben (wie manche freien Stellen vom Einzelhandelskaufmann bis zum Hotel- und Gaststättengewerbe zeigen). – Verlangen wir nun von denen, die ihre Lebensqualität in der Jugend opfern mußten, daß sie nun auch ihre Lebensqualität im Alter opfern?

Freilich, unter den genannten Jahrgängen gibt es auch Personen, die sich – sei es aufgrund der nachwirkenden Kriegsbelastung, sei es aufgrund des nie innerlich akzeptierten und durch die damalige Zeit aufgezwungenen Berufes – nie wirklich beruflich engagieren konnten und vielleicht sogar unter dieser ihrer Berufstätigkeit litten. Ihnen sollte man selbstverständlich die Möglichkeit einer ausgedehnten Flexibilität der Altersgrenze nach unten einräumen.

Die heute in den Seniorenstand Erhobenen (oder Abgedrängten, Ausgegrenzten) haben noch ein Viertel ihres Lebens vor sich. Wie kann man sicherstellen, daß diese noch rüstigen Menschen nicht von einem relativ jungen Alter an zu einer passiven Existenz am Rande der Gesellschaft zur Funktionslosigkeit verurteilt werden?

2.4 Die gesellschaftliche Ausgrenzung und Isolation

Welche Rolle hat unsere Gesellschaft für die vielen „jungen Alten“? Millionen von älteren Menschen brauchen eine Aufgabe und eine als sinnvoll erlebte Betätigung. Sie wollen sich nicht bei Seniorennachmittagen verbasteln lassen oder nur gelegentlich mit Kaffee und Kuchen abspeisen lassen. Sie wollen für andere da sein und wollen der Gesellschaft ihre Erfahrungen und Kräfte zur Verfügung stellen, doch sie werden nicht gefragt. Unsere Gesellschaft ruft oft dieses „Altenkapital“ leider nicht ab. Selbst ehrenamtliche Dienste – wie Tätigkeiten im Kirchenvorstand, Mitarbeit bei der Telefonseelsorge –, welche von 62jährigen angeboten werden, werden aus Altersgründen abgelehnt – von freiwilligen Bibliotheksdiensten und anderen Tätigkeiten ganz zu schweigen. Diese jungen Alten in der nachberuflichen Lebensphase sind im allgemeinen noch erwerbsfähig, aber nicht erwerbstätig. Sie leben als Generation zwischen Lebensmitte und Lebensabend. Sie zählen weder zu den Jungen noch zu den Alten. Können wir es uns als Gesellschaft leisten, sie auszugrenzen, ihre Erfahrungen, ihr Können, ihr Wissen brachliegen zu lassen? Sie sind eine lebens- und berufserfahrene Generation, oft voller Aktivitätsdrang, aber ohne rechtes Betätigungsfeld. Sie sind die zur Zeit am schnellsten wachsende Bevölkerungsgruppe.

Sollte wirklich die einzige Funktion der Alten darin bestehen, Arbeitsplätze für die Jugend freizumachen, um dadurch von heute auf morgen zur „Altenlast" zu werden? Da werden Menschen vorzeitig bei oft noch voller Gesundheit und Leistungsfähigkeit aus dem Berufsleben ausgegrenzt, aufs Altenteil geschoben, um dann sofort als „Rentenlast" abgestempelt zu werden. Schaffen sie die Anpassung an die neue Lebenssituation nicht, werden sie vorzeitig zur Pflegelast. Solche Lastquoten oder gar „Überlastquoten" werden tagtäglich in der Zeitung erwähnt – ein Faktum und Bezeichnungen, die ganz gewiß nicht zur Integration Älterer beitragen, sondern eher deren Ausgrenzung beschleunigen.

3. Isolation und Einsamkeit – kein zwingendes Altersschicksal

Wir haben gezeigt: Ausgrenzungen aufgrund des Lebensalters kommen in unserer Gesellschaft vor – allerdings weniger im familiären Bereich als im beruflich-gesellschaftlichen Bereich. Von daher ist es eigentlich wenig verständlich, warum ausgerechnet immer wieder die Familie sich mit Schuldzuweisungen auseinandersetzen muß, während keiner wagt, die berufliche Situation und die dadurch beeinflußten gesellschaftlichen Einstellungen, die dem älteren Menschen das Leben schwer machen, anzuprangern.

Eine Ausgrenzung des Alters kann doch nicht nur deswegen erlaubt sein, weil es Jüngeren nützt. – Aber, nützt eine solche Ausgrenzung wirklich, oder schadet sie den Jüngeren nur? Warum mißt man im familiären und im gesellschaftlich-beruflichen Bereich mit so unterschiedlichen Maßstäben?

Andererseits: Ausgrenzungen müssen nicht Isolation bedeuten. Ausgrenzungen sowohl aus dem beruflichen Bereich wie auch aus dem familiären Bereich können den Weg frei machen für ein neues, selbstgewähltes Engagement, für neue Interessen, neue Sozialkontakte und neue Bindungen. Diese wollen aber erarbeitet sein; dafür muß der älterwerdende Mensch selbst etwas tun, muß bereit sein, sich zu engagieren, sich mit Dingen auseinanderzusetzen und auf Personen zuzugehen.

Und Isolation bedeutet noch lange nicht Einsamkeit. Gerne prangert man die Einsamkeit als typisches Zeichen unserer Zeit, als typisches Phänomen der Massengesellschaft an, als Folge veränderter Familienstrukturen, aber auch als Folge des anonymen Nebeneinanderherlebens in Wolkenkratzern mancher Großstädte, als Folge des ausschließlichen Mit-sich-selbst-Beschäftigtseins, der ewigen Terminnot und Hetze der noch „aktiven", „eingespannten" Generation. Gewiß, manche alten Menschen leiden unter Einsmkeit, doch hier dürfen wir nicht verallgemeinern. Freilich, wir sollten die Augen aufmachen und uns um isolierte, einsame Menschen kümmern, ihnen helfen. Vielleicht wartet manch einer – und nicht nur ein alter Mensch – auf ein Angesprochenwerden vom Nachbarn, auf ein Wort der Anteilnahme, der Zuwendung, des Interesses. Vielleicht möchte ein Mensch unserer Umgebung mit uns reden, seine Alltagsprobleme mit uns besprechen, möchte Hilfe und Rat von uns haben. Haben wir wirklich in der Hetze des Alltags keine Zeit dafür? Oder ist es nur bei uns manchmal eine falsche Scheu, einfach auf den anderen zuzugehen – vielleicht sogar die Befürchtung, dies könnte als neugierige Einmischung fehlgedeutet werden.

Sicher, wir sollten den Blick offen halten für einsame Menschen unserer Umgebung. Wir sollten aber auch deren Wunsch nach Zurückgezogenheit, nach einer gewissen Isolation, respektieren. Wir sollten wissen, daß es Menschen gibt, die dabei glücklicher und zufriedener sind – und es auch schon in jungen Jahren waren, Menschen, die das Alleinsein genießen. Isolation sollte man nicht altersspezifisch sehen, sondern persönlichkeitsspezifisch. – Auch bei manchen jüngeren Personen stellen wir heute oft eine „Flucht vor der Gemeinschaft" fest. Massenveranstaltungen werden von vielen gemieden, Individualität wird gesucht. Auch die aktive Mitarbeit in großen Jugendgruppen findet man heute nur noch selten, ein Engagement im kleineren Kreis jedoch häufiger.

Auch Altenclubs sind nicht jedermanns Sache, vor allem dann nicht, wenn in den Geburtsjahrgängen die einzige Gemeinsamkeit der Clubmitglieder zu finden ist. Hier wäre manchmal eine weit stärkere Spezialisierung und Differenzierung nach Interessengruppen wünschenswert, hier wäre die Individualität der Älteren in einem stärkeren Maße zu berücksichtigen. Denn wie sich ein älterer Mensch verhält – ob er die Gesellschaft oder Zurückgezogenheit sucht, ob er sich dabei einsam fühlt oder nicht, ob er familiäre oder außerfamiliäre Kontakte bevorzugt –, ist nie allein durch die Anzahl der Lebensjahre bestimmt, die er hinter sich gebracht hat. Diese Verhaltens- und Erlebnisweisen sind auch nur zu einem geringen Teil biologisch oder durch die körperliche Funktions(un)tüchtigkeit bestimmt; ureigenste Erfahrungen während eines lebenslangen Prozesses, vielschichtige Umwelteinflüsse und deren Verarbeitung werden hier bedeutsamer. Es sind ganz persönliche Erlebnisse während eines ganzen Lebensweges, die das Verhalten und Erleben im Alter bestimmen. Altern ist ein individueller Prozeß: es kann nun einmal ein Mensch nicht wie *Goethe* altern, der nicht wie *Goethe* gelebt hat!

Die Vorstellung von einer generellen Isolation und Einsamkeit im Alter sollte revidiert werden. Sie basiert auf falschen Voraussetzungen, trägt aber zu einer negativen Erwartungshaltung der Älterwerdenden bei und zu einer Angst vor dem Alter; außerdem beeinflußt sie das Selbsterleben der älteren Generation. Einsamkeit im Alter ist vermeidbar – auch heute in unserer Massengesellschaft.

Industrialisierung und Technisierung und der damit einhergehende gesellschaftliche Wandel haben zweifellos zu einer Veränderung von Art und Ausmaß der Sozialkontakte geführt, zu einer Verlagerung von einem familiären oder verwandtschaftlichen Bereich in einen Bereich Gleichgesinnter. Nicht das Hineingeborenwerden in einen bestimmten Kreis garantiert heute eine Integration – gewissermaßen ohne eigenes Dazutun –, sondern die Aufgeschlossenheit für andere Menschen, gemeinsame Interessen und Ziele, und das aktive Bemühen um den anderen erst sichern ein Füreinander und Miteinander. Der ältere Mensch muß heute – genau wie der jüngere – auch selbst etwas für seine soziale Integration tun. Der Mensch muß sich engagieren, muß sich einsetzen, muß aktiv werden und Stellung beziehen – und dabei auch Toleranz walten lassen. Derjenige, der stur mit dem Kopf durch die Wand will und sich allen Einwänden gegenüber taub stellt oder an allem herumnörgelt, wird gemieden. „Man muß eben schon in jungen Jahren lernen, auch im Alter noch ‚attraktiv' zu sein", hat der englische Psychiater *Arie* einmal sehr richtig festgestellt. Aufmüpfigkeit, Nörglertum, aber auch ein passives Mitläufertum führen unwillkürlich zur Desintegration.

Älterwerden in unserer Zeit verlangt von jedem Einzelnen eine aktive Auseinandersetzung mit der sich stets verändernden Lebenssituation. Heutzutage müssen ständig neue Anforderungen bewältigt werden, welche Orientiertsein und Informiertsein voraussetzen. Um diese Informationen muß man sich bemühen, auch noch im Alter, nicht nur, um „mitreden" zu können, sondern um am Leben der anderen aktiv teilhaben zu können. Eine Verständnislosigkeit gegenüber Veränderungsprozessen führt automatisch zu einem falschen Verhalten – sei es, daß man diese Veränderungen auf unsachliche Weise bekämpft, oder sich zurückzieht, resigniert, sich isoliert – und dann über Einsamkeit klagt. Eine solche selbst herbeigeführte Isolation aufgrund mangelnder Anteilnahme und die daraus resultierende Einsamkeit kann aber nur der Einzelne selbst bekämpfen.

In unserer Zeit ist – im Gegensatz zu früher – ein

lebenslanges Lernen für den Einzelnen zur Existenznotwendigkeit geworden – nicht zuletzt als Voraussetzung zu einer sozialen Integration, zu einer vollen Anerkennung im familiären und außerfamiliären Kreis aufgrund gegenseitigen Verständnisses und einer breiten Basis von Gemeinsamkeiten, die eine Ausgrenzung zu verhindern mag. Der etwa 2000 Jahre alte Ausspruch *Ciceros*

„Was gibt es Angenehmeres als ein Greisenalter, das umgeben ist von einer Jugend, die von ihm lernen möchte."

hat zweifelsohne auch heute noch seine Gültigkeit – wenngleich die Verwirklichung dieser Situation heute weit schwieriger zu erreichen sein dürfte.

Aber gehen wir nicht einmal 200 Jahre zurück und schlagen in *Goethe*s „Maximen und Reflexionen" nach, dann lesen wir:

„Man sagt sich oft im Leben, daß man die Vielgeschäftigkeit, Polypragmosyne, vermeiden, besonders je älter man wird, sich desto weniger in ein neues Geschäft einlassen soll. – Aber man hat gut reden, gut sich und anderen raten. Älterwerden heißt selbst ein neues Geschäft antreten; alle Verhältnisse verändern sich, und man muß entweder zu handeln ganz aufhören, oder mit Willen und Bewußtsein das neue Rollenfach übernehmen."

Und als bereits 80jähriger hat *Goethe* festgestellt:

„Ei, bin ich denn darum 80 Jahre alt geworden, daß ich immer dasselbe denken soll? Ich strebe vielmehr, täglich etwas anderes, Neues zu denken, um nicht langweilig zu werden. Man muß sich immerfort verändern, erneuern, verjüngen, um nicht zu vertrocknen."

(Goethe zu F. v. Müller, 25. April 1830)

Um wieviel mehr Gültigkeit muß das Wort heute in unserer schnellebigen, von einem rapiden sozialen und technischen Wandel gekennzeichneten Zeit haben. „Wenn man alt ist, muß man mehr tun als man jung war" (Goethe, Maximen und Reflexionen) – eine Erkenntnis, welche in krassem Widerspruch zu Forderungen steht, den „Ruhestand" frühestmöglich in jungen Jahren beginnen zu lassen und damit eine Ausgrenzung zu begünstigen – eine Erkenntnis, die uns anregen sollte, wenigstens „im außerberuflichen Bereich einen neuen Start nach 60" zu wagen und zuzulassen.

Literatur

Baltes, P.B. (1984). Intelligenz im Alter. Spektrum der Wissenschaft, Mai, 46–60.

Baltes, P.B. & Schaie, K.W. (1976). On the plasticity of intelligence in adulthood and old age. American Psychologist, 31, 720–725.

Cumming, E. & Henry, W.E. (1961). Growing old – the process of disengagement. New York: Basic Books, Inc.

Debesse, M. (1948). La Crise d'Originalité juvénile. Paris.

Dreher, G. (1970). Auseinandersetzungen mit dem bevorstehenden Austritt aus dem Berufsleben. Zeitschrift für Gerontologie, 4, 118–124.

Erikson, E.H. (1950). Childhood and Society. New York: Norton.

Fahrenberg, B. (1986). Die Bewältigung der „empty nest situation" als Entwicklungsaufgabe der älterwerdenden Frau. Zeitschrift für Gerontologie, 19, 323–335.

Haber, C. (1983). Beyond sixty-five – the dilemma of old age in America's past. Cambridge: Crambridge University.

Imhof, A.E. (1981). Die gewonnenen Jahre – von der Zunahme unserer Lebensspanne seit dreihundert Jahren. München: Beck.

Kroh, O. (1932). Psychologie der Oberstufe. Langensalza.

Kruse, A. (1987). Kompetenzerhaltung, Kompetenzsteigerung und Kompetenzwiedergewinnung im Alter. In A. Kruse, U. Lehr & Chr. Rott (Hrsg.), Gerontologie – eine interdisziplinäre Wissenschaft (S. 343–412). München: Bayerischer Monatsspiegel Verlagsgesellschaft mbH.

Lehr, U. (1972). Psychologie des Alterns (5. Aufl. 1984). Heidelberg: Quelle & Meyer.

Lehr, U. (1982). Familie in der Krise? – Ein Plädoyer für mehr Partnerschaftlichkeit in Ehe, Familie und Beruf. München: Olzog Verlag.

Lehr, U. (1984). Pensionierung. In W.D. Oswald, W.M. Herrmann, S. Kanowski, U. Lehr & H. Thomae (Hrsg.), Gerontologie – medizinische, psychologische und sozialwissenschaftliche Grundbegriffe (S. 318–329). Stuttgart: Kohlhammer Verlag.

Lehr, U. (1987). Altern – sozialpsychologische Aspekte: Alter Mensch und Familie. In A. Kruse, U. Lehr & Chr. Rott (Hrsg.), Gerontologie – eine interdisziplinäre Wissenschaft (S. 164–237). München: Bayerischer Monatsspiegel Verlagsgesellschaft mbH.

Lehr, U. & Minemann, E. (1987). Veränderungen von Quantität und Qualität sozialer Kontakte. In U. Lehr & H. Thomae (Hrsg.), Formen seelischen Alterns (im Druck). Stuttgart: Enke Verlag.

Rückert, W. (1987). Bevölkerungsentwicklung von der Kaiserzeit bis zum Jahre 2000. Kuratorium Deutscher Altershilfe-Forum (Bd. 3). Köln.

Schenda, R. (1975). Alte Leute. In K. Ranke (Hrsg.), Enzyklopädie des Märchens (S. 373–380). Berlin: Gruyter Verlag.

Spranger, E. (1925). Psychologie des Jugendalters. Leipzig: Quelle & Meyer.

Stappen, B. (1987). Partnerverlust – Formen des Erlebens und der Auseinandersetzung mit der Situation. Phil. Dissertation, Universität Bonn.

Thomae, H. (1983). Alternsstile und Altersschicksale – Ein Beitrag zur differentiellen Gerontologie. Bonn: Huber.

Thomae, H. & Maddox, G. L. (Hrsg.). (1982). New perspectives on old age – a message to decision-makers. New York: Springer Publ.

Undeutsch, U. (1959). Entwicklung und Wachstum. In H. Thomae (Hrsg.), Handbuch der Psychologie (Bd. III, Entwicklungspsychologie) (S. 79–103). Göttingen: Hogrefe.

Paul Parin

Drohende Einsamkeit

Ich werde über „drohende Einsamkeit“ sprechen. Dabei denke ich nicht an die Einsamkeit der Wüste, die ich oft aufgesucht habe, und nicht an den literarischen Topos der Einsamkeit, für den eine achtungsvolle Aufmerksamkeit zu erwarten wäre. Da ich Psychoanalytiker bin, und Sie mich wohl deshalb eingeladen haben, spreche ich über den Seelenzustand der Einsamkeit und über die psychischen Prozesse, die ihn auszeichnen, bei Jungen, bei Alten und bei Personen, deren Machtstellung in der Gesellschaft Einsamkeit mit sich bringt und vielleicht zur Voraussetzung hat.

Zu dieser Klarstellung hat mich das vieldeutige Wort „Einsamkeit“ veranlaßt. Das „drohende“ davor lasse ich in seiner Doppeldeutigkeit bestehen: Kündigt sich Einsamkeit an, ist man bedroht wie von Krankheit oder vom Tod. Ist einer oder eine jedoch einsam, geht eine Drohung von jenem Seelenzustand aus; wir haben Grund, jene Einsamen zu fürchten.

Ich beeile mich anzumerken, daß die Gefahren verschiedene sind, die wir von den Einsamen in jeder der drei Gruppen, die ich nebeneinander stelle, fürchten müssen. Die einsamen Mächtigen sind am meisten zu fürchten; die Jungen nur dann, wenn wir sie zum äußersten reizen oder wenn wir die Versagung der scheinbar legitimen Wünsche, die wir an sie richten – „die Jugend, unsere Zukunft“ – als Verletzung erfahren. Die Alten in ihrer Einsamkeit wären am wenigsten zu fürchten, wenn nicht die Flüche der Alten – so tonlos und ungehört sie auch bleiben, Unheil bedeuteten wie in alten Zeiten.

Das Gefühl, einsam zu sein, ist eine innere Wahrnehmung. Wenn niemand da ist, oder niemand *mehr* da ist, den man lieben könnte, den man hassen müßte, ist man einsam. Liebesgefühle finden keine Erwiderung; die Sexualität bleibt leer. Haß hat kein Ziel mehr, zerbricht an der Aussichtslosigkeit, an der Ohnmacht zu siegen.

Unter Umständen, die Sie nur allzugut kennen, wachsen Generationen heran, für die in einer verwalteten, institutionell durchorganisierten Welt kein Platz vorgesehen ist. Aus der Familie – ob vaterlos oder nicht –, die nur kurz Geborgenheit gibt, kommen die Jungen in eine Welt, in der es gleich sinnlos ist, zu studieren oder dumm zu bleiben. An den Verhältnissen ist nichts zu ändern. Das Leben, eingespannt zwischen Erwerb und Freizeit als Rad in einer selbstzerstörerischen Maschine, ist genauso öde wie arbeitslos als rasch verrostendes Rad unter Millionen abmontierter Räder. Es hat keinen Sinn, politisch Stellung zu nehmen. Wie leicht hatte ich es noch mit 16! Für die Nazis oder gegen sie. Soll man für die Atomsprengköpfe da oder dort sein, gegen Tschernobyl und für Nukem? Thomas Ziehe hatte den Neuen Sozialisationstyp beschrieben: null Bock auf nichts, Kälte, Gleichgültigkeit, Neigung zu egoistischem Sex und rücksichtsloser Aggression. Bald mußte er es aufgeben, ihn auf das Fehlgehen der frühkindlichen Entwicklung zurückzuführen. Der Typus ist geblieben.

Manche Dichter haben die Verhältnisse klar erfaßt, unter denen unsere Jugend aufwächst. Bertolt Brecht zeigt in seinem Stück „Im Dickicht der Städte“ einen Mann, der nicht einmal mehr einen Gegner findet, mit dem er kämpfend etwas erleben kann, wenn schon keine glücklichere Beziehung möglich ist, und der darum verzweifelt. Bekketts Godot, auf den gewartet wird, kommt nicht; das Warten ist ausgefüllt mit Manifestationen manipulativer Gewalt. In Boris Vians „Les bâtisseurs d'Empire“ wird kein Mensch mehr erwartet. Der Lebensraum, dargestellt als die ärmliche Wohnung des Protagonisten, wird enger, unbewohnbar. Am Ende jedes Akts gibt der Bedrohte dem „Schmürtz“, einem leblosen Popanz, der in der Ecke steht, eine fürchterliche Ohrfeige und zieht sich über eine immer engere Wendeltreppe in das nächsthöhere Stockwerk zurück, in eine Wohnung genau wie die frühere, mit einem „Schmürtz“ in der Ecke. Dies dreimal, in drei Akten. Man weiß nicht, ob die stufenweise vollzogene Flucht nach oben noch weitergehen kann, wenn das Stück aus ist. Vielleicht bleibt kein Ausweg mehr.

Die düsteren Visionen dieser Dichter schildern realistisch die seelische Wirkung unerträglicher Zustände. Vor dreißig Jahren hat Erik H. Erikson empfohlen, den Jungen ein Moratorium zu gönnen, bevor sie ihre Identität fänden und ins erwachsene Leben eingehen. Heute holen sich viele das Moratorium selber, bleiben Adoleszente, so lange es geht. Ihnen droht die Einsamkeit einer extrem entfremdeten sozialen Situation. Bevor die letzten Möglichkeiten zur Anpassung versagen, sucht man irgendwie die tatsächliche Frustration, das Gefühl der Machtlosigkeit und Sinnlosigkeit loszuwerden. Wenn nichts Liebenswertes da ist und kein Kampf sinnvoll: Was macht es da noch aus, ob destruktive Gewalt, bei der noch irgendein Gefühl zu spüren ist, gegen die eigene Person geht, mit harten Drogen, oder gegen außen, wie in Zürich, Birmingham oder Kreuzberg. Es ist ebenso gleichgültig, ob man in der Armee noch rasch gehorchen und töten lernt oder lernt, als Verweigerer die Verachtung einer verachtenswerten Umwelt zu ertragen. Keine psychologische Beratung und kein wohlmeinendes Sozialarbeiter-Team vermag über die ungestillten Wünsche und eitlen Hoffnungen hinwegzutäuschen. Was Wunder, daß allerlei Sekten und düstere Mysterien locken, die eine prekäre Geborgenheit bieten und die Verachtung für alle mitliefern, die nicht so erleuchtet sind.

Sie finden das Bild, das ich eben entworfen habe, allzu düster gezeichnet, für die Mehrzahl unzutreffend. Sie haben recht. Ich habe keine statistischen Daten, gebe Typisches wieder, das noch lange nicht für alle gilt. Freuen wir uns über die vielen, vielen Ausnahmen, die lieben Kinder, the happy kids. Doch halten wir fest: Einsamkeit ist die seelische Folge von Lebensumständen, in denen man niemand mehr lieben kann, außer noch ein wenig sich selbst, in der Aggression einen Ausweg vor dem seelischen Zusammenbruch bietet. Daß die Aggression unzulänglich bleiben muß, da sie keine Änderung der Verhältnisse bewirkt, macht sie nicht weniger gefährlich. Zumindest die Drogentoten und unsere Hoffnung auf „die Jugend – unsere Zukunft" sind auf der Strecke geblieben.

Die Alten hingegen sind, so mag man meinen, weniger

bedroht. Obwohl in der Familie kein Platz für sie ist, nur etwa 20 000 mit Hilfe der Grauen Panther sinnvolle solidarische Kämpfe führen, haben sie doch ihre lieben Erinnerungen, wo sie das Vergangene belebend lieben und hassen können. Fragen wir Alten uns doch: An was, an wen, an welche Taten erinnern wir uns gerne, und warum? Was haben wir aus unserer Welt gemacht, wie haben wir für die Kinder, die Enkel gesorgt? Auch wenn wir auf der „richtigen" Seite standen: Wie konnte unser richtiges Leben so bösartig unrichtige Folgen zeitigen. Oder ist es gar biologisch? Ist die drohende Einsamkeit nichts anderes als das unvermeidliche Alter selber, seine Kälte und Leere?

So einfach ist es nicht. Hören wir, was der Meister darüber sagt. Sigmund Freud schrieb 1913 über alternde Frauen: „Es ist bekannt und hat den Menschen viel Stoff zur Klage gegeben, daß die Frauen häufig, nachdem sie ihre Genitalfunktionen aufgegeben haben, ihren Charakter in eigentümlicher Weise verändern. Sie werden zänkisch, quälerisch und rechthaberisch, kleinlich und geizig, zeigen also typische sadistische [...] Züge, die ihnen vorher in der Epoche der Weiblichkeit nicht eigen waren. Lustspieldichter und Satiriker haben zu allen Zeiten ihre Invektiven gegen den ‚alten Drachen' gerichtet, zu dem das holde Mädchen, die liebende Frau, die zärtliche Mutter geworden ist."[1] Seither ist es deutlich geworden, daß sich im Alter bei Männern ebenso wie bei Frauen eine Charakterveränderung einstellt, und sie ist auf analoge Veränderungen in ihrer sozialen Umwelt zurückzuführen. Die alternden Frauen, von denen Freud spricht, haben nicht nur ihre genitalen Funktionen eingebüßt. Die Familie war ihr Arbeitsplatz und gleichzeitig der Ort ihres erotischen Austausches, ihrer gesamten menschlichen Kommunikation; sie hat sich ausgeleert. Der Rückgriff auf egoistische und feindselige Gefühle, einschließlich dem pedantisch-geizigen Versuch, die Aggression irgendwie zu beherrschen, sind Folge der Einsamkeit. Bei Männern ist oft bereits das Ende der Berufsarbeit, in die ein Großteil der psychischen Energie investiert war, Anlaß zur gleichen Veränderung. Nicht nur die Befriedigung an Arbeit und Verdienst bleibt aus; auch der Aggression gegen Vorgesetzte oder Konkurrenten ist das Ziel entzogen. Sofern sich kein geeignetes Ventil öffnet, in Reden am Stammtisch oder im Ärger über die Jungen, wird das seelische Leben von Sorge, Neid, chronischer Aggression und oft von Geiz gelähmt. Dabei äußert sich das Zurückhalten dieser Gefühle oft als Eigensinn und Starre, während Geiz, das Zurückhalten von Besitz in einer kapitalistischen Wirtschaftsordnung – entgegen der psychologischen Absicht, aggressive Spannungen zu beherrschen – ohnehin eines der passendsten Instrumente ist, Mitmenschen zu schädigen!

Auch das Bild von der Einsamkeit der Alten ist einseitig beleuchtet. Wer kennt nicht die liebevollen, würdigen oder gar weisen Alten und stellt sie den unglücklichen, zänkischen und verbitterten Greisinnen und Greisen in Altersheimen und in den Betonwüsten der Vorstädte entgegen.

Die Alten haben sich, wie wir alle, von Zeit zu Zeit einer Prozedur zu unterziehen, die als politisches Handeln gemeint ist, und gleichzeitig untrügliche Zeichen seelischer Einsamkeit zutage fördert. Ich meine die Wahlen in Parlamenten und anderen Gremien. Viele nehmen nicht oder nicht mehr teil; wir wissen nicht, ob resigniert und ohnmächtig oder voll Zutrauen in die herrschenden Verhältnisse. Für die, die noch zu den Urnen gehen, wurde vor einigen Jahren der Ausdruck „Stuporbürger" geprägt. Je älter die Stimmbürger sind, umso einhelliger scheinen sie sich an die sarkastische Mahnung der Jenny in Brechts Mahagonny-Oper zu halten: „Segelt unter keinen Umständen gegen den Wind und versucht jetzt nichts Neues." Sie sind starr, nichts soll sich ändern, sie selber bewegen sich nicht mehr, kaum noch einen Schritt weiter nach rechts. Es scheint sie kalt zu lassen, daß Volksvertreter und Politiker die Umwelt zerstören, die Welt ihrer Kinder und Enkel den tödlichsten Gefahren aussetzen. Die Einsamkeit ist bei wenigen so überwältigend, daß sie ganz den Kontakt mit der Wirklichkeit verloren haben. Die meisten wissen noch, was gespielt wird. Sie sind zu beleben, wenn man ihnen wieder einmal zeigt, wohin sie ihre ziellose Aggression, die aus der Frustration der Einsamkeit stammt, richten können. Gegen die bösen Anderen, die Roten, die Anarchos, die Jungen. Die außerordentliche Konstanz der Partei der

Alten läßt erraten, daß sie nicht nur ihrer Gewohnheit treu sind; sie sind erstarrt in ihrer Vereinzelung, eine unbewegte Menge mühsam kanalisierter Einsamkeiten, die sich höchstens in den bekannten Ausbrüchen nationalen Hasses etwas belebt. Nicht allein die ungehörten Flüche der Alten, ihr destruktiver Konservativismus bedroht unsere Zukunft.

So verbreitet das Phänomen des „Stuporbürgers" gerade bei den Alten auch ist: „Alter", wie es heute bei uns auftritt, ist genausowenig naturgegeben wie Jugend, wenn man es vom Produktionsprozeß her anschaut. Die einen sind „noch nicht", die andern „nicht mehr" zu verwerten, deshalb trifft beide ein reduzierter sozialer Status und wenig gesellschaftliches Prestige. Sie kosten nur und bringen nichts, dazu sind sie noch lästig. Sie bleiben allein. Wissenschaftler, Intellektuelle und Künstler haben es gut: In der privilegierten Nische, die ihnen unsere Gesellschaft gewährt, können sie bis ins hohe Alter „jung bleiben", von Bernhard Shaw und Bertrand Russell bis Günther Anders und Robert Jungk.

Ich muß die Mächtigen unserer Welt in meine Betrachtung einbeziehen. Damit überschreite ich scheinbar den Rahmen unserer Gespräche „Jugendwahn und Altersangst". Da ich jedoch als Psychoanalytiker über den Seelenzustand der Einsamkeit und die psychischen Prozesse, die ihn auszeichnen, spreche, darf ich jene soziale Schicht, deren innere Einsamkeit uns am meisten bedroht, nicht weglassen.

Einen Einwand möchte ich vorwegnehmen, ohne ihn ganz entkräften zu können. Einige Junge und Alte waren Gegenstand intensiver psychoanalytischer Untersuchung, die ich in jedem Fall während mehrerer hundert Stunden, im Austausch von tausenden Einzelinformationen kennengelernt habe. Wenn ich diese Erfahrungen zu typischen Erlebnisformen breiter sozialer Erscheinungen extrapoliere, sind meine Aussagen relativ gut begründet. Machthaber, Politiker, Bischöfe, Generäle haben sich nie auf meine Couch gelegt. Meine psychologischen Aussagen stützen sich auf die Beobachtung durch den Zerrspiegel diverser Medien, auf biographische und autobiographische Zeugnisse, auf das Urteil politisch interessierter Psychoanalytiker wie Alexander Mitscherlich oder Horst-Eberhard Richter, auf die Intuition mancher Schriftsteller und Dichter und nicht zuletzt auf die intensive Aufmerksamkeit, die ich, ebenso wie Sie alle als Bürger und Bürgerinnen, dem Verhalten jener Männer und Frauen widme, von denen bis vor kurzem das Schicksal ganzer Nationen, heute das Fortbestehen der Menschheit abhängt.

Die „Einsamkeit der Mächtigen" ist keine individuelle Eigenart. Zwei mythische Gestalten, an die ich Sie erinnere, sollen zeigen, daß die brutalste ebenso wie die barmherzigste Machtausübung auf Einsamkeit beruht. Garcia Marquez hat in seinem Roman, einem hinreißenden Gedicht von 270 Seiten, „Der Herbst des Patriarchen" alle grausamen Diktatoren Südamerikas in eine Figur zusammengefaßt und in der Tragik ihrer Machtspiele dargestellt. Die Symbolik der Tyrannen ist der lateinamerikanischen Geschichte und Gegenwart entnommen. Das psychische Geschehen, das zur Machtausübung befähigt und sich durch die Macht über Menschen ständig erneuert, ist die Einsamkeit des Patriarchen. Kein Mensch steht ihm nahe, er kennt weder Liebe noch Haß, in Einsamkeit folgt er unausweichlich den Sachzwängen der Macht, ausgestattet mit chronischem Mißtrauen, leerer Sexualität, egoistischer, grausamer Gewalt – kurz seelischen Haltungen, die ich den Jugendlichen in einer extrem entfremdeten Welt, den einsam gewordenen Alten zugeschrieben habe.

Der Mönch, die andere mythische Figur, lebt nicht nur in Zölibat und Askese, sondern muß sich auch jede menschliche Nähe versagen. Den Geboten Gottes allein hat er zu folgen. Einsam mit Gott und seinem Glauben, kann er Macht über die Seelen der Mitmenschen ausüben, wenn es ihm ganz gelingt, seine eigene Heilsgewißheit den unmittelbaren Wünschen und Ängsten der Mitmenschen entgegenzusetzen.

Greifbarer als diese mythischen Gestalten der Macht sind uns Machthaber unserer Zeit, deren Reden wir täglich in Zeitungen lesen und auf Fernsehschirmen sehen. Sie sind in lebenslangen Kämpfen aufgestiegen. Mit jedem Erfolgsschritt ihrer Karriere haben sie Freunde und Kollegen hinter sich gelassen; in ihren Parteien sind sie Träger von Funktionen, erwecken Hoffnungen, Ängste und Aggressionen. Jede Regung, die aus einem menschlichen Bedürfnis kommt, gerät in Konflikt mit der Staatsräson, der allein sie zu folgen haben, sobald sie Macht ausüben. Ob Millionen von Kindern verhungern, darf sie nicht kümmern, solange die Wirtschaft das verlangt. Millionen Arbeitslose sind keine frustrierten Menschen, sondern Ziffern in einem Kalkül, in dem die Erhaltung der Macht die einzige Größe ist, die nicht vernachlässigt werden darf. Der Umgang mit Freunden, Beratern, Frauen und Kindern reduziert sich auf vorbestimmte Rituale. Die unmittelbaren Bedürfnisse, sich mitzuteilen, auf die liebsten Stimmen zu hören, auf Angriffe mit Zorn zu antworten, haben sie hinter sich lassen müssen. Die Träger von Macht verzichten nicht auf Befriedigung: Doch sind sie gezwungen, ihre Ziele auf egoistische, wie es die Psychoanalyse nennt, auf narzißtische, zu reduzieren, die gelingende Verwaltung der Macht über jede persönliche Anteilnahme, die wirksame Manipulation über jeden Dialog und Austausch mit Menschen und ihren Wünschen und Ängsten zu stellen.

Glauben Sie nicht, ich wolle den Machthabern eine Pathologie zuschreiben, ein Irrtum, der dadurch entstehen könnte, daß ich Arzt bin. Ich verfolge nur das Ziel, menschliches Verhalten verständlicher zu machen. Nachdem die ersten Aufklärer von John Locke, Thomas Hobbes bis Claude-Adrien Helvetius erkannt zu haben glaubten, daß Egoismus die erste Triebkraft menschlichen Lebens und Handelns sei, hat sich die Triebtheorie Freuds entwickelt, die besagt, daß das Streben der Triebwünsche nach Befriedigung nie aufhört, daß es jedoch eine Entwicklung durchmacht, deren Gesetzmäßigkeiten wir kennen. Die für den Seelenzustand der Einsamkeit wichtigste Erkenntnis ist die Ersetzbarkeit der Triebziele, das heißt, daß die Ziele unserer Wünsche veränderbar sind. Wünsche nach menschlichem Austausch, nach Nähe und Kommunikation, das Prinzip des Eros ist allzuleicht ersetzbar durch das Ziel egoistischer Befriedigung an der Macht.

Vollständig ist dieser Austausch auch unter den außerordentlichen Bedingungen, die Machtausübung mit sich bringt, nie. Wem das nicht genügend gelingt, der mag ein begabter Redner, Verwalter, Politiker sein. Seine Macht wird nicht lange dauern. Pierre Mendès-France, der zum Ministerpräsidenten Frankreichs aufgestiegen war, konnte in wenigen Wochen den nutzlosen, aussichtslosen Krieg seines Landes mit Vietnam beenden und den mit Tunesien verhindern. Bevor er den dritten Krieg, mit Algerien, verhindern konnte, stürzte er über seinen moralischen Anspruch und seinen unkonventionellen Lebensstil. In nächster Nähe, in Österreich und der Bundesrepublik, haben Sie Beispiele hochbegabter und erfolgreicher Politiker, deren Macht zerbrach, sobald ihre eigenständige Moral und ihre menschliche Person hervortraten. Solches ist mit der Staatsräson, wie wir die einsame Ausübung der Macht zu nennen belieben, nicht vereinbar.

Die zum Ritual erstarrten Symbole trauter Häuslichkeit, fröhlicher Lebenslust, die zur Ausstattung der Machthaber gehören, vermögen die Folgen der Einsamkeit nicht zu mildern. Wie die Jungen in der tollsten Disco, die Alten im hygienischen Geriatriebetrieb, sind die Großen auf ihren Datschas, ihrer Ranch, im trauten Städtle Einsame. Solange sie um die Macht im Staat kämpfen, müssen sie über die ersten eigenen Bedürfnisse und die Wünsche ihrer Mitmenschen kühl hinweggehen. Die Einsamkeit der Macht bedroht sie, ohne daß sie es wahrnehmen. Sobald sie an der Macht sind, bedrohen sie uns alle, Mann, Frau und Kinder.

Für die Souveräne alter Zeiten mögen meine Überlegungen einleuchten. Als eine Journalistin den uralten Kaiser von Äthiopien Haile Selassie, der aus dem Mittelalter in unsere Zeit hineinragt, fragte: „Was meinen Eure Majestät, was nach Ihnen kommt, wenn Sie einmal nicht mehr da sind?“ gab er zur Antwort: „Wir verstehen Ihre Frage nicht.“ Wie würden unsere Machthaber antworten?

Ich habe die „drohende Einsamkeit“ der Jungen in der entwickelten Industriegesellschaft des Westens, der Alten in unserer Verwertungsgesellschaft und der mächtigen Verwalter der Staatsräson darzustellen versucht. Der psychologische Notstand ist von einer gesellschaftlichen Entwicklung abzuleiten, deren Zeugen und Opfer wir alle sind. Die psychoanalytische Aufklärung kann einzelnen Personen helfen, aus ihrer Einsamkeit herauszutreten, wieder am menschlichen Austausch von Gefühlen und Handlungen teilzunehmen. Ob Aufklärung noch imstande ist, öffentlich zu wirken, am Unheil, das wir anrichten, und dem schlimmeren, dem wir zusteuern, etwas zu ändern – daran muß ich zweifeln.

1 Freud, S.: Die Disposition zur Zwangsneurose (1913). GW, Bd. 8; S. 441–452; Zit. S. 449–450

Anhang

Angaben zu den Autoren

Blanco Cruz, Enrique, Prof. Dr. med., 1942 in Barco de Valdeorras (Galizien, Spanien) geboren, seit 1961 in der Bundesrepublik. Zunächst als Elektro-Schweißer tätig, seit 1964 Studium, jetzt Professor für Sozialmedizin an der Fachhochschule Frankfurt/M., Arzt für Neurologie und Psychiatrie, Psychotherapeut.

Fetscher, Iring, Prof. Dr., 1922 in Marbach am Neckar geboren, aufgewachsen in Dresden. Studium der Philosophie, Germanistik und Geschichte in Tübingen und Paris. Seit 1963 Professor für Politikwissenschaft in Frankfurt/M., Gastprofessuren in Heidelberg, Göttingen, Nijmwegen, Tel Aviv, New York. Wichtigste Veröffentlichungen: Hegels Lehre vom Menschen (1950, 1970), Rousseaus politische Philosophie (1960, 1975), Karl Marx und der Marxismus (1967; ital., engl., japan., span. Übers.), Modelle der Friedenssicherung (1972), Überlebensbedingungen der Menschheit (1977, 1986).

Fried, Erich, 1921 in Wien geboren, 1938 nach Großbritannien geflohen, dort zunächst verschiedene Berufe. Seit 1946 Schriftsteller und Übersetzer, zahlreiche Veröffentlichungen (vor allem Lyrik, aber auch Prosa, Hörspiel, Libretto, Übersetzungen). Mitglied des PEN-Zentrums der Bundesrepublik, zahlreiche Ehrungen und Preise, zuletzt 1987 Georg-Büchner-Preis.

Hoffmann, Hilmar, 1925 in Bremen geboren, mit 26 Jahren der jüngste Volkshochschuldirektor der Bundesrepublik in Oberhausen; dort gründete er 1954 die Internationalen Kurzfilmtage, das noch heute bedeutendste Kurzfilm-Festival der Welt. 1965 wurde er in Oberhausen zum Kultur- und Sozialdezernenten und 1970 zum Dezernenten für Kultur und Freizeit nach Frankfurt/M. berufen. Lehraufträge und Gastprofessuren an verschiedenen Universitäten (u.a. Bochum, Frankfurt/M., Marburg, Tel Aviv). Seit 1983 Honorarprofessor an der Staatl. Hochschule für Musik und Darstellende Künste Frankfurt/M. Zahlreiche Veröffentlichungen: u.a. Kultur für alle (1979, 2. Aufl. 1981), Das Taubenbuch (1981), Kultur für morgen (1985); Gegen den Versuch, Vergangenheit zu verbiegen (2. Aufl. 1987, Hrsg.); Die Sechziger (1987, zusammen mit H. Klotz, Hrsg.).

Lehr, Ursula, Prof. Dr., geboren 1930 in Frankfurt/M., Studium in Frankfurt/M. und Bonn, seit 1955 als Psychologin mit Lebenslaufforschung beschäftigt, Professorin in Bonn (1969–1972), in Köln (bis 1986), jetzt Inhaberin des Lehrstuhls für Gerontologie und Direktorin des Instituts für Gerontologie in Heidelberg. Mitherausgeberin der Zeitschrift für Gerontologie und anderer Zeitschriften, zahlreiche Veröffentlichungen zur Gerontologie.

Mergen, Armand, Dr. Dr. jur., em. Prof., geboren 1919 in Heffingen/Luxemburg, jur. Studium in Luxemburg, Innsbruck, Brüssel, Paris; kriminologische Praxis. Professur an der Universität Mainz (1946), Mitglied vieler kriminologischer Gesellschaften, zahlreiche Veröffentlichungen meist zur Kriminalwissenschaft, Sportflieger.

Parin, Paul, Psychoanalytiker. Geboren 1916 in Slowenien, Medizinstudium in Graz, Zagreb und Zürich; 1944/45 freiwilliger Arzt in der jugoslawischen Partisanenarmee, dann Fachausbildung in Neurologie und Psychoanalyse. Mit seiner Frau Goldy Matthèy und Fritz Morgenthaler Forschungsreisen nach Westafrika. Zahlreiche Bücher zur Ethnopsychologie und Psychoanalyse, autobiograph. Erinnerungsbuch „Untrügliche Zeichen von Veränderung“ (1980, 1982).

Rosenmayr, Leopold, Prof. Dr. phil., 1925 in Wien geboren, Studium in Wien, Paris, Harvard. Seit 1955 Dozent, seit 1963 Professor in Wien, Leiter des Instituts für Soziologie. Zahlreiche Veröffentlichungen, u.a. zu

Wohn- und Freizeitgewohnheiten von Jugendlichen und älteren Menschen, zur allgemeinen Soziologie und zur Gerontologie.

Süssmuth, Rita, Prof. Dr. phil., geboren 1937, Professorin für Sozial- und Vorschulpädagogik an der Universität Dortmund, seit 1985 Bundesministerin für Familie, Jugend, Frauen und Gesundheit, seit 1971 im Wiss. Beirat des Bundesfamilienministeriums. Zahlreiche Veröffentlichungen, zuletzt zum Thema AIDS.

Personenverzeichnis